実務が必ずうまくいく

体育主任の仕事術
55の心得

大前 暁政 著
Omae Akimasa

明治図書

はじめに

　「知・徳・体」を育てるのが学校教育の基本であり，校務分掌もそれに基づいた割り振りがなされています。
　「知」を担当するのは研究主任。
　「徳」を担当するのは生徒指導主事。
　そして「体」を担当するのが体育主任です。
　この３つの校務分掌は，ひときわ大変だと言われます。
　実務も多いですし，何より学校全体を動かす立場に立たなくてはならないからです。
　当然，責任も大きくなります。
　教師の間では，「大変そうな仕事」ということで敬遠されがちです。

　体育主任は，若い教師でも担当することがあります。
　「いつかは担当するかもしれない。しかし，できるだけ後がいい」
　そう心配している若手教師も多いと聞きます。
　かつての学校現場においては，ベテラン教師が体育主任を担当するのが普通でした。
　ある程度経験を積み，学校全体の動きがわかっていないと，体育主任を引き受けることは難しいと考えられていたのです。
　ところが，今は違います。
　大量採用時代を迎え，毎年多くの新卒教師が現場に赴任してきます。
　経験を少し積んだだけで，すぐさま「ベテラン扱い」「ミドルリーダー扱い」になってしまいます。
　若い教師でも体育主任を担当することが普通になりつつあるのです。
　若くして体育主任を任され，どのように仕事を進めればよいのかわからず，多くの仕事と悩みを抱えることもあるでしょう。
　本当は，「体育主任マニュアル」のようなものがあるとよいのです。

しかしながら，学校現場には，「マニュアル」はほとんどありません。
　3月までに何をしておけばよいのか，4月に何をすればよいのか，そういったことを手探りで学ばなくてはならないのです。
　そこで，「体育主任になったときの仕事の進め方のマニュアル」を提案することにしました。どんな仕事があって，どういった形で進めればよいのかを本書ですべて紹介します。

　確かに，体育主任の仕事は非常に膨大であり，多岐にわたります。
　しかし，仕事のやり方さえ知れば，実はそれほど大変ではありません。
　私は生徒指導主事，体育主任，理科主任，情報主任，児童会主任などの分掌をいっぺんに引き受けたことがあります。
　普通なら仕事が多いと思えます。事実，職員会議の起案文書のほとんどは私が出したものでした。
　ところが，仕事の進め方を知っているので，大して仕事が多いとは思いませんでした。定時には必ず仕事が終わっていたのです。

　どんな仕事にも進め方があります。それを知ることで，効率的に仕事をこなすことができるのです。
　本書が読者諸兄の充実した仕事の一助となれば幸甚です。
　本書の執筆にあたり，明治図書編集部の矢口郁雄氏には，企画のアイデア段階から多くのご支援をいただきました。心より感謝申し上げます。

2016年1月

大前　暁政

※本書に収められている「心得」の一部は，2009年度の『体育科教育』（大修館書店）の大前暁政の連載「若手教師なら押さえておきたい体育主任の仕事」に加除修正を加えたものです。

Contents

はじめに

第1章 仕事の全体像をつかむ

1 体育主任の役割とは────8
2 仕事のリストアップとスケジューリング────10
3 仕事をカテゴライズする────12
4 忘れがちになってしまうこと────14
5 体育主任としてのゴール────16

コラム 仕事をしたら記録しよう────18

第2章 新年度スタートダッシュのための仕込み

6 どんな用具・器具があるのかをだれより詳しく知っておく────20
7 購入すべき用具・器具を考えておく────22
8 修繕と整備が必要なものをリストアップしておく────24
9 雑務のシステム化を図る────26
10 年間指導計画の見直しをお願いする────28
11 粗く4月からの動きを考えておく────30
12 体育部会の大まかな計画を立てておく────32
13 新年度が始まるまでに体育部会で話し合っておくこと────34

コラム 例年の活動に1％の上乗せを────36

第3章　一年間の方針と動きを確定する

- 14　体育科教育課程の編成————38
- 15　運動・保健に関する全体指導計画を起案する(1)————40
- 16　運動・保健に関する全体指導計画を起案する(2)————42
- 17　体育授業の年間指導計画を起案する————44
- 18　系統的な指導が必要な内容の計画————46
- 19　新年度の授業開始後の体育部会で行うこと————48
- 20　全校児童の運動量を確保するシステムをつくる————50

コラム 体育主任は輝ける仕事————52

第4章　体育主任の実務をスマートに行う　日常編

- 21　施設の管理と指導環境の整備(1)————54
- 22　施設の管理と指導環境の整備(2)————56
- 23　運動場（砂場）の整備————58
- 24　用具・器具の整備・管理(1)————60
- 25　用具・器具の整備・管理(2)————62
- 26　用具・器具の設置の方法————64
- 27　担任と協力して子どもを伸ばす(1)————66
- 28　担任と協力して子どもを伸ばす(2)————68
- 29　評価の仕組みを周知する————70
- 30　体育授業に関するルールを周知する————72
- 31　望ましい生活習慣を身につけさせる————74
- 32　子どもの体力や健康に関する情報提供を行う————76

コラム 話を聴くのも体育主任の仕事————78

第5章　体育主任の実務をスマートに行う　行事編

- 33　運動会の全体計画を起案する――80
- 34　運動会準備のための仕込み――82
- 35　運動会の全体練習をスリム化する――84
- 36　運動会当日の全仕事を把握しておく――86
- 37　運動会前日・当日朝の準備の進め方――88
- 38　運動会当日の体育主任の動き――90
- 39　体育主任一年目の運動会で気をつけること――92
- 40　各種記録会の代表責任者になったら――94
- 41　各種記録会の練習をマネジメントする(1)――96
- 42　各種記録会の練習をマネジメントする(2)――98
- 43　各種記録会への参加で配慮するべきこと――100
- 44　新体力テストをマネジメントする――102

コラム　アドバイスに耳を傾けよう――104

第6章　信頼を集める体育主任になるために

- 45　仕事の意味や背景を知る――106
- 46　優れた指導法を紹介し，共有する――108
- 47　休み時間に行う運動イベントをマネジメントする(1)――110
- 48　休み時間に行う運動イベントをマネジメントする(2)――112
- 49　安全確保の方法を周知する――114
- 50　公開授業・研究授業に積極的に取り組む――116
- 51　移行期に年間指導計画を見直す――118
- 52　引き継ぎを見越して改善案を含めた記録を残す――120
- 53　発達障がいをもつ子どもに対応した授業づくりを先導する――122
- 54　相手意識をもって仕事を進める――124
- 55　創造的な仕事に取り組む余裕を生み出す――126

第1章
仕事の全体像をつかむ

　体育主任の仕事は膨大かつ多岐にわたります。
　できるだけ効率よく仕事を行うには，「見通し」をもつ必要があります。
　まずは，体育主任の仕事の全体像を粗くつかむことから始めましょう。
　一年分の仕事の中身を把握し，「いつ，何を，どの程度やるのか」がわかれば，あわてることはなくなります。

Chapter 1

第1章 仕事の全体像をつかむ

1 体育主任の役割とは

体育主任は、体育・健康に関する指導の中心となって動く。そのため、体育授業だけでなく、学校全体の仕事が多くなる。行事の運営、体育施設や用具・器具の管理などを行う必要がある。

☑ 体育主任の仕事

体育主任の主な仕事は次の通りです。

❶体育科教育課程の編成　❷体育授業の充実を図る
❸用具・器具と施設の管理　❹各種体育的行事の企画・運営
❺運動クラブ・体育委員会運営

体育主任は、他の教科主任と少し違う立場にあります。
　それは、**学校全体の「運動・健康」に関する仕事を司る立場にある**ということです。「知・徳・体」の「体」を一手に引き受ける立場にあるのです。

☑ 学校全体にかかわる仕事

では、学校全体にかかわる仕事として、どんなものがあるのでしょうか。

□子どもの体力や健康等に関する現状把握と、情報提供
□学校の子どもの体力向上に向けた方針設定と施策立案
□体育科（運動領域と保健領域）の年間指導計画作成

□健康安全・体育的行事の企画・運営
□体育施設の整備と管理
□用具・器具の購入と整備・管理
□教科外の体力づくりの取り組み
□よりよい体育・保健指導を実現するための研究推進
□担任への体育指導に関する情報の提供
□運動クラブ・体育委員会の活動

　このように学校全体の運動・健康面の向上に役立つ計画を立て，それを実施する責任者にならなくてはなりません。

☑ 連携協力の「要」となる

　ポイントは，**これらの仕事を１人で抱えると無理が生じる**ということです。
　例えば，保健に関する仕事であれば，養護教諭や保健主事との連携が欠かせません。
　地域の要望や地域の人材を生かした体育をするのであれば，地域との連携が必要になります。
　また，学校の経営方針に合わせて，年間の方針を立てなくてはなりませんから，管理職との話し合いも必要になります。
　このような連携を密にとることができれば，深まりと広がりのある活動を行うことができます。
　もちろん，連携と協力を推進するのは，体育主任の役割です。

体育主任は，学校全体に関する仕事を多く引き受ける立場にある。
そのため，様々な人との連携協力ができなくてはならない。
どことどう連携協力をしていけばよいのかを考えて行動したい。

第1章
仕事の全体像を
つかむ

2 仕事のリストアップとスケジューリング

体育主任の仕事は多岐にわたる。見通しをもって仕事を進めないと，夜遅くまで残って仕事を続ける羽目になりかねない。「いつ，何を，どの程度やるのか」を「見える化」したい。

☑ 体育主任の全仕事を「見える化」する

仕事の全体像をつかまないと，見通しをもつことはできません。

そこで，**仕事の「リストアップ」をする必要があります。**

リストアップをするには，**昨年度の起案文書を確認するとよいでしょう。**

3月末には，起案文書のファイルと，データをすべて引き継いでおきます。

そして，昨年度の起案文書を見ながら仕事を箇条書きにしていきます。

時系列に並べることができる仕事は，「スケジューリング」も行います。

すると，右の表のような形でまとめられるはずです。

「いつ」「何を」すればよいのかがわかれば，とりあえずあわてることは

```
4月　第1回　体育部会
4月　最初の職員会議で文書を起案
　　　・年間指導計画
　　　・体力づくり全体計画
　　　・体力テスト実施計画
4月　各学級のボール補充と一覧配付
5月　プールの水抜き
　　　プール掃除計画
6月　第2回　体育部会
　　　プール当番表，注意事項配付
　　　プール特別練習計画を起案
```

なくなります。

「今月はこの仕事」「今週はこの仕事」といった具合に，すべきことが決まってくるからです。

やるべき仕事が決まっていれば，その仕事だけに意識を集中できるうえに，「今週は何をすればいいんだろう…？」と，気を揉まなくて済みます。

体育主任の仕事量は，他の校務分掌と比べてかなり多い方です。

しかし，リストアップとスケジューリングができていれば，先々を見通して仕事ができるうえに，月別の仕事量がだいたい決まってくるので，粛々と進めれば，意外とあっさり仕事は終わっていくものなのです。

リストアップとスケジューリングさえできれば，余裕が生まれるのです。

☑ 仕事の締め切りを意識する

仕事を進めるうえで大切なのは，**仕事の「締め切り日」を書いておく**ということです。

締め切り日がわかってさえいれば，どれぐらい前から動けばよいのかも意識できます。

その結果，余裕をもって仕事に取りかかることができます。

締め切り日は，昨年度の起案文書の提出日を見ればわかります。

提出日が締め切り日に当たると考えるわけです。

昨年度の3日前には起案文書を出せるように早めに仕事を開始すれば，余裕をもって仕事を進められるはずです。

締め切りがある仕事は，締め切りに間に合うよう，十分な期間をとって仕事を進める。そうすれば，余裕をもって仕事を完了させられる。「今月の仕事は○○」「今週の仕事は○○」と意識しておきたい。

第1章
仕事の全体像を
つかむ

3 仕事をカテゴライズする

仕事は，いくつかのカテゴリーに分けることができる。
カテゴリー別に，仕事の主体が異なることも多い。
主任1人でなく，協力して仕事を進めていくようにしたい。

☑ 仕事をカテゴライズする

　仕事をリストアップしていくと，仕事にはいくつかの種類があることに気づくはずです。

❶毎年，ある時期にやらなくてはならない仕事（行事関係）
❷一年を通して定期的にしなくてはならない仕事（消耗品購入など）
❸その年だけの特別なプロジェクトに関する仕事（その年の重点施策）

　❶は，行事関係の仕事です。例えば，運動会や水泳指導，各種記録会などです。これらはその時期が来ないと仕事が発生しません。
　❷の一年を通して定期的にしなくてはならない仕事とは，備品の整理や，購入，指導法の紹介などです。このカテゴリーの仕事は，非常に多岐にわたります。単純作業でできるものは，例えば運動場の土入れや体育倉庫の掃除などがあります。反対に，工夫して仕事を進める必要があるのは，指導法の紹介や，新しい教材・教具の紹介，文部科学省の通達の周知などです。
　❸は，その年だけの特別な仕事です。例えば，「昨年度のスポーツテストで持久力が弱かったので，持久力をつけるための取り組みをする」，といっ

た具合です。年によっては保健領域の内容に力を入れて，特別な会議や施策を行うこともあるでしょう。このカテゴリーの仕事は，毎年の子どもの実態によって変わってきます。したがって，前年度とは別の仕事を考える必要があります。

　このように**仕事を分けて考えていくと，「何を」「いつ」「どのように」すればよいのかが見えてくる**はずです。

☑ 仕事の主体を考える

　仕事のカテゴライズが意識できたなら，次にその仕事の主体を考えます。

> □体育主任が主体となってしなくてはならない仕事か
> □主任以外の体育部教員に任せることができる仕事か
> □担任にお願いできる仕事か
> □学校全体で取り組まないとできない仕事か
> □体育部会で相談すべき仕事か，それとも，体育主任だけで起案できる仕事か，他の教科部や委員会にも相談すべき仕事か
> □体育委員会など，子どもと協力してできる仕事か

　大規模校ならば，体育部には3～4人ほど配置されるはずです。
　上のような問いを基に，仕事の割り振りを考えていきます。例えば，この仕事は若手の先生に主でやってもらおう，などとイメージをもっておきます。
　そして，体育部会を開き，仕事の割り振りを行うようにします。

> 主任1人ですべての仕事を抱えようとしないこと。
> 協力体制を組み，適材適所で仕事を進めていくとよい。
> そのため，仕事の割り振りのイメージを，主任がもっておきたい。

第1章
仕事の全体像を
つかむ

4 忘れがちになってしまうこと

 体育主任になったばかりの教員ほど，行事や記録会などの「大きな仕事」に意識が集中してしまう。しかし，体育主任が大切にしたい仕事は他にもある。

☑ 忙しさの中で見失いがちなこと

　前項までで述べてきたように，体育主任になってからまずすることは，すべての仕事をリストアップすることです。すると，行事や記録会，対外的な活動が大変多いことに気づかされるはずです。

　というのも，リストアップのために参考にする起案文書の多くは，行事や記録会などに関するものだからです。

　そのため，体育主任の頭の中は，行事や記録会などの「大きな仕事」でいっぱいになってしまうことが少なくありません。

　大きな仕事として，まず思いつくのが運動会です。そして，陸上記録会や水泳記録会などの役員もあります。その年の記録会の運営責任者となることもあるでしょう。

　このように，体育主任が責任を一手に引き受けるような大きな仕事が多くあるので，どうしてもそちらに気が向き，行事関係の仕事を何とか無事に乗り切ることが最優先事項になってしまいます。

　こうして，**担任が気持ちよく，しかも簡単に体育授業ができるように指導環境を整えることが体育主任の重要な仕事である**，という点を見失ってしまうのです。

☑ 大きな仕事の中でも意識しておきたいこと

体力を向上させるには，行事や記録会関係の仕事だけを充実させるのでは**不十分**です。

普段の体育授業こそ，充実させる必要があります。

当然のことながら，体育主任１人で全校の子どもたちを指導することはできません。実際に体育授業をしているのは担任です。

そこで，先にも述べた通り，担任が気持ちよく，しかも簡単に体育授業ができるよう指導環境を整えることが，体育主任の重要な仕事になってくるのです。

例えば，保健の授業が苦手な先生がいるならば，養護教諭や保健主事と連携して，保健の教材を作成します。そうすれば，毎年この教材を使ってもらうことができます。質のよい授業が，準備なしでできるというわけです。

水泳の指導法を簡略化して，プールに貼っておくだけで，水泳指導の苦手な担任は助かります。

どこに何が置いてあるのか，体育倉庫に保管されている用具・器具のリストがあれば，授業の準備が楽になります。

運動場にハードル走や100m走のラインがあれば，いちいち担任が白線を引かなくて済みます。

このように，体育主任が自分の大切な仕事として意識しておきたいのは，**指導環境を整える**ことなのです。

> 行事や記録会関係の仕事も大切だが，普段の体育授業が充実するように指導環境を整えるのも大切な仕事。仕事の力配分を間違えることがないように，気をつけて仕事を進めていきたい。

第１章 仕事の全体像をつかむ

> 第1章
> 仕事の全体像を
> つかむ

5 体育主任としてのゴール

どんな仕事でも，取りかかる前に，「最終的な到達地点」＝「ゴール」を想定しておく必要がある。教科主任の場合，一年後の子どもたちの成長した姿を想定しなくてはならない。

☑ 年によってゴールは変わる

　体育主任のゴールは何でしょうか。これは，年によって変わります。
　ある年は「体育好きの子が増えること」がゴールになる場合もあるでしょう。
　もしそうなら，「体育を楽しませるための取り組み」を重点施策として実行していくことになります。例えば，「休み時間に体育イベントを行う」「授業で体育好きの子を増やすために，担任にニューゲームを紹介する」といった策を講じていくことになります。
　様々な策を講じて，最終的に体育が好きな子が増えればよいのです。
　またある年は，「基礎的な運動技能を高めること」がゴールになる場合もあるでしょう。
　この場合は，例えば「二重跳び，逆上がり，25mの泳力といった運動技能を卒業までに身につけられるように，各学年の指導プランを考える」といった策を講じていきます。
　こうして**様々な策を講じた結果，最終的に子どもたちにこれらの運動技能が身につけばよい**のです。
　このように，年によってゴールは変わるわけです。

☑ 今年のゴールの考え方

　では，どうやって今年のゴールを決めたらよいのでしょうか。

　例えば，「体育好きの子が増えること」がゴールになった年は，実は**前年度に「体育好きの子が少なかった」**という，ゴールとは逆の実態があったということを意味します。

　そこで，今年のゴールを決めるときには，**前年までの実態をつかんで，改善すべき点を探す**ようにすればよいのです。

　前年までの実態をつかむためには，スポーツテストの結果や，健康調査の結果，望ましい生活習慣のアンケート結果などの各種資料を見ればよいでしょう。

　また，学校アンケートで，自校の教職員の要望や保護者・地域の要望を参考にしてもよいでしょう。ひょっとすると，前の体育主任が反省文書を残しているかもしれません。

　前年度の実態や要望，反省文書などを読んでいけば，今年度に設定すべきゴールが見えてくるはずです。

　もし**改善すべき点がなければ，反対に「強みを生かす」取り組みを行うのもよい**でしょう。

　すでに体育好きが多く，しかも，基礎的な運動技能も高まっているのなら，さらに高度な指導を取り入れて運動面を鍛える，といったこともできます。

　ゴールが決まるからこそ，具体的な施策が決まってきます。

ゴールは年々によって違う。ゴールが決まってこそ，そのために講じる策も決まってくる。まずは，設定すべきゴールを，体育部会や管理職と相談して決めていこう。

仕事をしたら記録しよう

　何か仕事をしたら，記録に残しておきましょう。
　引き継ぎにも使えて非常に便利です。
　次のように，時系列で仕事の内容を箇条書きにしていくのです。
　５月○日　①プールの機械を業者さんと一緒にチェックした。
　　　　　　②プール倉庫の掃除をした。
　　　　　　③プールサイドのマットを出した。
　できれば写真も残しておくと，仕事の様子がよりはっきりイメージできてよいでしょう。
　ちなみに，起案文書は１つのファイルに一元化しておくことが大切です。
　一年間の起案文書ファイルがあれば，ときどきファイルを見て，いつどんな文書を起案しているのかを確認できます。
　このように，仕事はわかりやすくまとめておくことが大切です。
　イメージとしては，次の年に仕事をだれかに替わっても，質問が出ないようにしておくことを考えたらよいでしょう。
　体育主任の仕事は，一極集中しがちです。
　仕事が一極集中すると，主任だけが仕事を理解している状態になります。
　記録に残さずにその人が転勤すると，仕事内容が初期化してしまうのです。これは絶対に避けなくてはなりません。

第2章
新年度スタートダッシュのための仕込み

　　新年度の仕事の進め方は，一年間の仕事の成否を決めるほどに重要です。

　　うまくスタートダッシュが切れれば，その後も無理なく，スムーズに仕事が進んでいくはずです。ただし，新年度にスタートダッシュを切るには，そのための仕込みが必要になります。

　　そこで，意図的，計画的に仕事を進めるためのポイントを紹介していきます。

Chapter 2

第2章
新年度スタートダッシュ
のための仕込み

6 どんな用具・器具があるのかを だれより詳しく知っておく

 3月中に，新年度のスタートダッシュを切るための「仕込み」を少しずつしておきたい。まずは，用具・器具の位置と数，傷み具合をチェックすることから始めよう。

☑ まずすべきこととは

　体育主任は，体育関係の用具・器具に，全教職員の中で最も詳しくなっておかなくてはなりません。

　そこで，体育主任になることが決まったら，まずはどこにどんな用具・器具があるのかを調べることから始めます。

　基本は体育倉庫を見てまわるのですが，**時には別の倉庫に体育で使えそうな用具が入っていることがあります**。例えば，砂場を耕すための耕うん機やスコップがあると便利です。このように，体育用具に限らず，体育で使えそうな道具がどこにしまわれているのかを確認していきます。

　一番気を付けなくてはならないのは，**用具・器具が「宝の持ち腐れ」にならないようにする**ということです。

　ときに，「体育倉庫の奥に，よい器具がたくさん眠っていた」といったことが起こります。そうならないよう，すべてを確認しておくのです。

　また，使用方法がよくわからない用具・器具が出てくることもあります。そういった場合は，すぐに使用目的や方法を調べておきます。他の教員に「使用方法がわからないものがあったら，尋ねてください」と言えるようにしておくのです。前任の体育主任に聞けるとよいのですが，すでに異動後と

いうこともあります。必ず自分で確かめておきましょう。

☑ 位置と数，傷み具合のチェック

　どこに何が置いてあるのかを確かめるには，体育倉庫の中にあるものを，すべて倉庫から出す必要があります。

　このとき，**整理整頓を兼ねて，体育部で体育倉庫の片づけをする**とよいでしょう。そして，整理整頓する際に，場所を確定しておきます。

　「もっとよいところに置けないか」「一年間ほとんど使用しないものが入っていないか」などを考えて，場所を決めます。

　一年間ほとんど使用しないものとは，例えば運動会の時期だけしか使わないものです。このような用具・器具は，別の倉庫に入れて保管しておく方がよいでしょう。

　整理整頓をしながら，数と傷み具合も確認しておきます。特に，消耗品が一年間でずいぶん減っていることがあるので，注意が必要です。

☑ 整理整頓された姿を写真に残しておく

　こうして整理整頓をしておいて，最後に写真を撮ります。

　きれいになった体育倉庫や消耗品の倉庫の写真をとり，ラミネートして体育倉庫に貼っておくのです。これだけで，このような状態が理想だということが，子どもにも教職員にもわかります。何がどこにあったのかを簡単な図でメモしておくだけでも，後で重宝します。

授業が始まって，担任から「あの用具どこにあったっけ？」といった質問が出ないように，用具・器具がどこにいくつあるのかの図を，教職員に配付してもよい。

第2章
新年度スタートダッシュ
のための仕込み

7 購入すべき用具・器具を考えておく

 予算には限りがある。購入すべき用具・器具が多い場合，どのように購入計画を立てればよいのだろうか。用具・器具が充実するかどうかは，体育主任の腕の見せ所。

☑ 何が多くて何が少ないのかを把握する

　用具・器具の数と傷み具合を確認したら，今度は，購入計画を考えます。
　このとき，備品台帳を見て，調べた数と合っているかも確認しておきます。備品台帳に書かれた数と合わない場合は，どこか別の倉庫に用具がしまわれていることもあります。
　特に重要なのが，使用頻度の高いボールなどの消耗品です。**新品の余裕を把握し，一年先を見越して，十分な数を購入する**必要があります。
　また，古いものや傷んだものは，新しいものに替えなくてはなりません。
　前年度の担任に，「足りなかったもの」や「修繕が必要なもの」「もっと必要だと思われる用具・器具」などを確認しておくとよいでしょう。
　担任にアンケートをとることで，体育主任1人で考えるよりも，漏れなく用具・器具の実態をつかむことができるはずです。

【体育アンケート】　　（　）年担任
❶体育をしていて不便なところ，修繕をした方がよい物や場所はありましたか？

❷備品や消耗品で，足りないものがあれば書いてください。

❸新しく購入したい用具・器具があれば書いてください（できれば運動名も）。

☑ 購入のポイント

　購入のポイントは，**運動量が確保できるかどうか**です。1学級の人数を踏まえ，体育授業で十分な運動量が確保できるかどうかを検討します。

　値段の安いものなら，2人に1台は用意したいところです。

　値段の高いものは，大まかな目安として，4人に1台と考えるとよいでしょう。例えば，跳び箱が4人に1台あると，運動量は確保できます。

　「運動量確保のためにどうしても必要です」「担任の先生からの要望もあります」という説明だと，予算は通りやすくなります。

　例えば，バトンにしても，運動量確保のため，できるだけ多く用意します。しかも，大会用，運動会用，低学年用のリングタイプのバトン，といった具合に，**数だけでなく，種類にも注目**します。

　また，学年の発達段階に合っているかどうかを考慮することも大切です。

　跳び箱なら，低学年用と標準のものを用意します。そのうえで，跳び箱が怖い子のために，**柔らかい跳び箱も用意しておくとベスト**です。

　ニュースポーツが入ってきたら，それに対応した用具の購入も考えます。

　用具・器具は多い方がよいのですが，予算の関係で毎年少ししか補充できません。傷みが激しいものや，数が足りないものから優先的に補充していくことになります。一度にすべて購入するのは難しいため，何年もかけて少しずつ用具を新しくし，しかも数をそろえていくことが大切になります。

　そのため，新年度に体育主任が，**どの程度の数の用具・器具があればよいのかをイメージしておくことが必要**になるのです。

現在の用具・器具で十分な運動量を確保できるかどうかを考える。
体育主任だけで考えるのではなく，担任の意見も参考にしたい。
購入するべきものには，優先順位をつけておこう。

8 修繕と整備が必要なものをリストアップしておく

> **CHECK** 用具・器具が充実している学校ほど、修繕と整備はこまめにやっているもの。新学期に、修繕と整備の見通しをもつために、リストアップが必要になる。

☑ 修繕の判断を行う

　用具・器具をチェックする際に、傷み具合も確認します。

　傷みが激しい場合は、修繕で何とかなるのか、それとも新しく購入が必要なのかを判断しましょう。

　例えば跳び箱などは、昔購入して傷みが激しいのに、放置されている場合が少なからずあります。

　年数が経っていて、傷んでいるものを使用しているとなると、大変危険です。体育主任だけの目で判断するのではなく、判断に迷うものは、必ず業者さんなどを呼んで見てもらいましょう。

　業者さんに確認してもらい、交換が必要と判断されたら、これも購入計画に入れていく必要があります。

　注意が必要なのは、消耗品です。

　鉄棒の補助ベルトなど、ものによっては、**「三年を目処に新しいものに交換してください」といった注意書きが書かれていることがある**のです。

　この場合、耐用年数の過ぎているものは交換が必要になります。

　また、新学期に修繕の判断を行うだけでなく、**傷み具合を定期的に確認するシステムをつくることが必要**です。

☑ 運動施設の整備を検討する

用具・器具だけでなく、体育関係施設の傷み具合も確認します。

> □ 運動場のラインは切れていないか
> □ 運動場はでこぼこしていないか
> □ 体育館のワックスは剥がれていないか
> □ バスケット・サッカーゴールなどの設備は傷んでいないか
> □ 体育関係の看板は傷んでいないか

特に**運動場は確認すべき箇所がたくさんあります**。バスケットゴールのネットがないこと、サッカーゴールのネットが破れていることもあるでしょう。

他にも、砂がよく飛ぶとか、砂場の砂に運動場の土が混ざっているとか、ブランコの下に敷いてあるはずの芝のマットがボロボロになっている、などチェックポイントはたくさんあります。

新学期は、とりあえず施設の状態をチェックするだけにしておきます。

体育主任1人で全部やろうとしても、整備に時間も労力もかかるため、他の教職員や業者さんとの協力が欠かせません。そのために、整備が必要な施設と箇所をリストアップしておくのです。とりあえずリストにあげておき、体育部や全教職員、または業者さんにお願いして直してもらいます。

もちろん春休み中に仕事を振り分けて少しずつやってもよいでしょう。新学期は忙しいため、早めに整備をしておくと、後が楽になります。

注意すべきは、素人の目で見ても修繕や整備が必要かどうかがわからない箇所が多いこと。ボロボロに見えるバスケットゴールも、プロが見ると外のペンキが剥がれているだけ、といったことがある。

第2章
新年度スタートダッシュ
のための仕込み

9 雑務のシステム化を図る

体育主任の仕事はかなり多く、すべてに力を入れるのは難しい。そこで、「主たる仕事」と「雑務」に分けて考えたい。雑務に時間と労力をかけず、主たる仕事に力を注ぎたい。

☑ 主たる仕事以外の「雑務」に埋もれないために

　体育主任の主たる仕事は、子どもの健康や体力を保持・増進することです。ところが、その主たる仕事以外の仕事が、多くあり過ぎるのです。
　例えば、体育倉庫の掃除です。
　これを1人でやろうとすると、ものすごく時間がかかります。
　しかも、体育倉庫がいくらピカピカになっても、主たる仕事にあまり反映されないのがつらいところです。しばらくすると、また汚れます。
　こういった**主たる仕事以外のことで時間と労力をとられると、一年間その仕事の中に埋もれてしまうことになる**のです。
　そこで、仕事の中でシステム化できるものを探すようにします。つまり、**思い切って人に任せられるところは任せるようにする**のです。
　任せるには、学校のシステムの中に仕事を入れてもらえばよいのです。
　例えば、体育倉庫の掃除と整頓は、掃除係の子どもがやるシステムにします。高学年の子を2人ほど配置してもらえばよいでしょう。掃除時間には、担任や体育主任、体育委員会担当教員などが定期的に掃除の様子を点検するようにします。これで、毎日体育倉庫をきれいに保つことができるというわけです。

☑ 学校のシステムの中に仕事を入れていく

　他にも，運動場の草抜きや土入れなどは，掃除当番や体育委員会の子どもがするようにシステム化します。たかが草抜きですが，地域によっては大変な仕事量になります。運動場の土入れも，風が強い地域では運動場の土がどんどん流され，雨ででこぼこするのが普通という学校もあります。これらは**定期的に運動場を整備できるシステムをつくりさえすれば解決できます。**

　ちなみに，施設の安全確認もシステム化することができます。各学年の担任に，1か月に1度，バスケットゴールの壊れ具合や遊具のさびなどをチェックしてもらうシステムをつくるのです。

　他にも，「ゼッケンの洗濯はだれがいつするのか」「運動場の溝掃除はだれがいつするのか」など，様々な仕事でシステム化を考えます。例えば，溝掃除をPTAの方や，スポーツ団体がする学校もあります。ただし，**一番よいのは，学校内で仕事が完結するシステムをつくること**です。

☑ 手伝ってくれる環境をつくる

　担任ができるシステムを組むことも大切になります。

　例えば，体育倉庫の整理整頓された状態を，写真にとってラミネートし，体育倉庫に貼っておきます。これだけで，用具・器具を使った子どもや教師が，写真の通りに片づけをしてくれます。

　体育主任や体育部の教職員だけでなく，担任も手伝ってくれる環境をつくれば，仕事は大変スムーズに進み，しかも結果が充実するはずです。

体育主任の仕事を全部1人でやるのは，膨大な時間と労力がかかる。主任以外でもできる仕事，特に「雑務」は，学校のシステムの中で勝手に仕事が終わっていくように組織しよう。

第2章
新年度スタートダッシュ
のための仕込み

10 年間指導計画の見直しをお願いする

 体育の年間指導計画は各学校で作成する。毎年4月になると、年間指導計画を新しいものに修正し、起案することになる。授業が始まるまでに計画を用意しなくてはならない。

☑ 年間計画作成までの仕込み

体育授業は4月初旬に始まってしまいます。

4月に年間指導計画の見直しをしていては、起案に間に合いません。

そこで、3月末までに年間指導計画の見直しを進めておきます。

一番よいのは、**3月中に今年一年体育指導を行った各担任にアンケートをとっておくこと**です。このアンケートは、「年間指導計画に無理がなかったか」「体育の授業をしていて、困ったことや改善すべき点はなかったか」などを振り返ってもらうものです。

また、各学年で年間指導計画の見直しを以下のようにお願いしておきます。

「前年度の体育の年間指導計画で、時期を変更した方がよい単元があれば記入してください。できれば、いつすればよいのかも書いてください」

「新しい運動に変更したい内容があったら書いてください」

このとき大切なのが、前年度の年間指導計画を各学年主任に配付することです。多くの場合、見直される点は時期や時数の変更だけなので、年間指導計画を見ながらなら、赤で修正してもらうぐらいは簡単にできるはずです。年間指導計画があれば、一年間の指導の実態に合わせて変更してくれます。

このような作業を3月末までにしておいてもらうのです。

✓ 改善のための情報が集まったら

　こうして,アンケートと年間指導計画のたたき台が,各学年から提出されます。それらを体育主任が最終チェックします。

　まず,「行事などで無理がないか」「学年間の系統化はなされているか」など,学校全体の動きや,六年間の指導の積み重ねを考えていきます。

　ほとんど完成してきたら,最後にチェックするポイントがあります。

　それは,**各学年の運動が重ならないようにする**ことです。

　例えば,跳び箱を体育館でやりたいのに,週に１回しか体育館が使えないのでは困ります。週に１回の跳び箱を練習するだけでは,上達はおぼつかないからです。

　そこで,跳び箱を３年生が５月にするなら４年生は６月,といった具合に指導時期をずらすのです。体育館の割り当て表であらかじめ週に１回と決まっていても,別の学年が使わないのであれば,体育館を週に３日使うことは可能です。

　このようにして,連続して運動ができるよう体育館や運動場の種目が重ならないようにしていくのです。

　もし体育部会で意見をもらうならば,各学年から出された年間指導計画の案を見ながらよりよいものを検討するとよいでしょう。案があるのですから,それでよいかどうかの話になり,会議の時間は短くて済みます。

　ただし,**学習指導要領の改訂時期には,前年度までと変更が生じている単元があるので,綿密な検討が必要**になります。

アンケートから,指導現場の貴重な意見が得られることは多い。アンケートと修正された前年度の年間指導計画をもとに,体育主任が今年度の年間指導計画を完成させよう。

第2章
新年度スタートダッシュ
のための仕込み

11 粗く4月からの動きを考えておく

4月初旬には起案文書がかなりたくさんある。
4月に入ってから考えていては，到底間に合わない。
4月からの動きを調べておき，見通しをもっておきたい。

☑ 時間がかかる起案文書をつかんでおく

　4月最初に起案する文書に，一年間の運動・保健に関する全体指導計画があります。これは，**年間を通して「運動に親しむ習慣づくり」や「健康の保持増進」の機会を用意するための学校全体の指導計画**です。

　したがって，この計画に基づいて学校全体で指導が進められることになります。当然，よく練った計画を出す必要があります。たくさんの起案文書がありますが，その中でも，特に時間がかかるのがこれです。

☑ 起案までにやっておくこと

　起案する前に，これまでの体育指導の状況や，子どもたちの実態を知っておく必要があります。そこで，まずしなくてはならないのが，**昨年度の体育指導に関する反省文書や，アンケートすべてに目を通す**ことです。

　つまり，昨年度の状況をつかんでから，今年度の計画を考えるわけです。

□今年一年で，何がどれだけできるようになればよいのか
□子どもの何を伸ばせばよいのか
□前年度までの運動・健康面で弱いところは

> □体力テストの結果や運動好きの割合，水泳の泳力調査などの結果は
> □保護者からの要望は
> □地域からの要望は
> □学校の経営方針／国の要請，教育委員会の方針は

　過去の文書を参考にしつつ，「運動」と「保健」に関して学校全体でできることを考えていきます。
　前任者がいなければ，関係者に「去年の体育部の活動で，もっとこうしてほしいとか，こんな取り組みをしてほしいといったことはありませんでしたか？」と尋ねてまわるとよいでしょう。

☑ 管理職の考えを事前に尋ねておく

　自分で考えるのも大切ですが，まわりの考えを聞くことも大切です。
　特に重要なのが，校長の考えを聞いておくことです。
　校長には，こんな学校をつくりたいという思いがあります。
　学校全体にかかわる指導計画は，校長の意思を反映したものにしていく必要があるのです。
　このとき，**自分なりの意見をもって管理職と話し合うことが大切**です。反省文書に何が書かれてあり，今年できそうなのは何かを考えておくわけです。そして，自分の意見を伝えつつ，管理職の考えも取り入れていきます。
　一年間の運動・保健に関する全体指導計画が大まかに決まれば，今年の仕事内容が粗く決まってきます。

> 　3月末までにできるだけ情報を収集し，一年間の運動・保健に関する全体指導計画を考えておく。そうすれば，今年の仕事が見えてくる。その結果，仕事の優先順位も決まってくる。

第2章 新年度スタートダッシュのための仕込み

12 体育部会の大まかな計画を立てておく

中規模校以上では，体育部として2〜4人の教職員が配置される。主任1人で動くより，部会で仕事を進めた方が仕事の効率，成果は上がる。体育部の計画の見通しをもっておきたい。

☑ 体育部で動く

　小規模校では，体育部に主任が1人ということがあります。この場合，1人で仕事を企画し，他の教職員に協力を仰ぎつつ，手だてを実行していくことになります。

　中規模校や大規模校の場合は，体育関係の校務分掌には，複数の教職員が配置されます。というのも，体育関係の仕事は大変多く，主任1人で仕事を進めるのは難しいからです。そこで体育部会を定期的に開き，アイデアを募ったり，仕事の分担を行ったりしていきます。

☑ 体育部会はどの程度行うのか

　私の場合，「体育部会＝会議」は少ない方がよいと考えていました。

　理由は，それぞれの教科部会ごとに，様々な会議が乱立してしまうと，放課後はほとんど会議ばかりになるからです。

　ある学校に勤めた際，学校方針として「会議はできるだけなくす」ことになっていました。担任を会議で拘束してしまうと，担任業務がおろそかになってしまうことがあるためです。

　私の場合「会議が必要な案件」と「少しの相談で終わる案件」とに分け，

少しの相談で終わる案件は，隙間時間に打ち合せをする程度で終わらせるようにしていました。

会議をするにしても，前もって資料を渡して読んでもらっておくようにしたり，協議事項を絞ったりしていたので，そんなに長くはかかりませんでした。放課後に何時間も会議するといったことは皆無でした。

体育部会は，必ず集まらなくてはならないときだけ行うとよいでしょう。

☑ 部会のスケジュール

大まかに一年間の部会の計画を立てておくとあわてずに済みます。

例えば，行事の前などは打ち合わせておいた方がよいことがあります。

また，全校で体力向上に向けた取り組みをするのであれば，体育部会や保健体育部会などのメンバーとの連携も必要になります。

共通理解，そしてアイデアを募る場合，強い連携が必要な場合など，これはと思う議題があれば，会議を開くとよいでしょう。

```
前年度中…一年間の体育指導計画の全体方針を話し合う
4月………仕事の決定と，割り振り
5月………運動会前の会議
9月………陸上運動記録会に向けた会議
```

このように，大まかにスケジュールを立てておくと見通しをもてます。会議では，参加者の意見をしっかりと聞き，起案に反映できるようにします。

心得12 起案文書を出す前に体育部会で議論をすることで，よりよいアイデアを募ることが可能になる。体育部で綿密な打合せが必要な場合は，体育部会を開くとよい。

第2章
新年度スタートダッシュ
のための仕込み

13 新年度が始まるまでに体育部会で話し合っておくこと

新年度が始まる前に，体育部会で話し合っておくことがある。
その1回目の体育部会は，できれば3月中に行いたい。
会議で話し合う内容と進め方を紹介する。

☑ 1回目の体育部会で話し合う内容と事前準備

　新年度が始まる前の3月中か，遅くとも4月の1週目までには，体育部会で新年度の体育関係の目標と手だてを考えておきます。

　特に，学校全体にかかわる目標や手だての設定は，意見をしっかりと聴いたうえで原案を作成しなければなりません。

　さて，このときの会議をどう進めればよいのでしょうか。

　まずは**会議前に，体育主任が前年度の反省文書や各種アンケートを確認し，文書にまとめておきます。**

　反省文書には，次年度に改善すべきことが書かれていますし，アンケートには，教職員や保護者，地域からの要望が書かれています。これらを参考にして，要改善点と要望をまとめておくのです。

　それに加え，昨年までの子どもの運動と保健に関する実態を調べたデータも文書化しておきます。

　そして，この**会議の前に，「昨年度からの引き継ぎ事項」として，これらの文書を体育部のメンバーに配っておくのです。**

　さらに，「春休みの宿題」として，要改善点や要望，実態から**「今年の目標をどうすべきか（目標）」「今年どんなことができそうか（手だて）」**とい

う2つのことを考えておいてもらいます。

☑ 会議をどう進めるのか

　会議では，要改善点や要望，実態から，**まず新年度の体育に関する学校全体の「目標」を何にするのかを話し合います**。

　目標は年によって変わります。

　例えば，「運動能力を高める」「運動に親しませる」「ある運動領域が弱いので，そこを強化する」など，様々な目標が考えられます。だからこそ，体育部員の意見を募るのです。

　次に，**そのために何ができそうかの「手だて」も考えていきます**。

　会議では，部員の意見を募ることが大切です。とにかく，自由にいろいろと意見を言ってもらいます。

　私がよくやっていたのは，ホワイトボードを用意しておいて，**体育部員が言った意見をすべてホワイトボードに書いていく**という方法でした。これだけの工夫で，多くの意見を集めることができました。

　もちろん，体育主任も様々な意見を出していきます。

　1回目はこれで終わりです。集まった意見をもとに，体育主任が原案をつくっておきます。原案は部員に配付し，最終確認をしてもらいます。

　もし確認だけで終わらず，話し合いが必要ならば，この原案をもとに相談をしていきます。原案をたたき台として，追加できるアイデアはないか，意見を求めていきます。原案があれば，2回目の話し合いはすぐに終わるはずです。

体育主任で必要な資料を用意し，部員から意見を募ることができるようにしておく。
原案を用意しておくと，話し合いはスムーズに進行する。

例年の活動に１％の上乗せを

　例えば，プール掃除をするとします。
　毎年同じような道具で掃除をしていないでしょうか。
　同じ道具でやってもよいのですが，ちょっとした工夫を考えてみましょう。
　例えば，水圧で汚れがとれる用具を使ってみるのです。
　すると，今まではスポンジでとれなかった汚れが，みるみるとれて，ピカピカになります。
　ちょっとだけ工夫することで，見違えるほどプールがきれいになるのです。

　このように，例年やっている活動についても，ちょっとだけ何か工夫ができないかを考えるのはとても大切なことです。
　昨年度よりたった１％の上乗せの努力でよいのです。
　この１％が，だんだんと効いてきます。
　一年後には「今年の体育関係の活動は，昨年度と比べて工夫がなされていた」といった実感を伴う声が様々な教職員から寄せられることになります。
　何より，少しの努力の積み重ねが，子どもたちのやる気や成長につながっていきます。

Column

第3章
一年間の方針と動きを確定する

　体育主任は，学校全体の仕事をきちんと進められるようになって一人前と言えます。
　特に大切なのが，「体育科教育課程の編成」に関する仕事です。
　教育課程の編成は，昔から教師にとって非常に重要な仕事の1つと言われてきました。
　体育主任の大切な役割である学校全体の仕事をどう進めたらよいのでしょうか。

> 第3章
> 一年間の方針と動きを
> 確定する

14 体育科教育課程の編成

>
> CHECK　4月には，多くの体育関係文書を起案する必要がある。
> その中でも，大きな仕事となるのが「体育科教育課程の編成」。
> これができて一人前とも言える，大切な仕事だ。

☑ 体育科教育課程の中身

　体育主任の大きな仕事の1つに「体育科教育課程の編成」があります。具体的には，次の3つをつくり上げなければいけません。

> ❶体育授業の目標と評価規準
> ❷体育授業の年間指導計画
> ❸運動・保健に関する全体指導計画

　❶の目標と評価規準は，前年度から使用している体育科の目標と評価規準があるはずなので，基本的にはそれを見直すようにします。評価規準は通知表に書かれている場合もありますので，おかしいところがないかチェックします。

　もし，各学年から「評価規準を見直したい」という要望があった場合や，学習指導要領の改訂時期ならば，全体的に見直す必要が出てきます。新年度が始まってからでは間に合わないので，**前年度中に見直しをしなければいけません。**

　❷の年間指導計画は，**「行事面」**と**「教科面」**に分け，それぞれについて

検討します。

　行事面では，行事の時期を見直したうえで一年間の予定を立てます。

　教科面では，体育科の年間指導計画を見直したうえで立案します。前年度中に各担任に年間指導計画の見直しをお願いしておけば，スムーズに立案できるはずです。

　❸の全体指導計画は，体育部会での議論をもとにして体育主任が立案します。一年間の運動・保健関係の指導において，**今年の目標は何で，重点施策は何かを提案する**わけです。これも，３月までの仕込みがものを言います。

☑ 教育課程の編成で気をつけたいこと

　前年度３月中の体育部会で，前年度の実態や要望から，原案をつくっているはずです。

　一番よいのは，この原案をもとに管理職，教務主任などに意見を聴いておくことです。つまり，**様々な意見を集めたうえで，起案文書として提案する**のです。

　前もって文書の中身を議論し，意見を反映させたうえで提案するからこそ，職員会議で他の教職員の納得が得られるのです。

　提案の際は，昨年度の実態，反省，地域や保護者からの要望など，**背景を説明することが極めて大切**になります。

　起案が通ったら，新学期になってすぐ，各担任に❶〜❸の資料を配付し，体育関係の指導ができるようにします。

体育主任１人で作成すると漏れが生じることが多い。体育部員をはじめ，担任，教務主任，管理職，保健主事など，様々な人の意見をどれだけ取り入れることができるかがポイントになる。

第３章　一年間の方針と動きを確定する

第3章
一年間の方針と動きを
確定する

15 運動・保健に関する全体指導計画を起案する(1)

> 4月の最初に起案する文書の1つに、運動・保健に関する全体指導計画がある。他の教職員にわかりやすい計画にするには、どうすればよいのだろうか。

☑ 運動・保健にする全体指導計画の中身

全体指導計画の呼び名は様々です。「○○学校　体力づくり計画」「○○学校　運動・保健推進計画」などと呼ばれることもあります。この計画書では、**一年間の運動・保健に関する目標を定め、今年の重点施策を明記します。**

つまり、どのような目標のために、いつ、何をするのかを具体的に提案するわけです。具体的には、次のような項目から成り立っています。

- ❶目的　　　　❷子どもの実態　　　　❸めざす子ども像
- ❹指導の場　　❺指導の重点

注意すべきは、この**計画には必ず運動領域と保健領域の2つを含む**ということです。つまり、運動領域の「目的、実態、指導」と、保健領域の「目的、実態、指導」を盛り込む必要があるということです。

指導の場と目的をはっきりさせることで、どの活動がどういう目的で、どういう位置づけで行われているのかがわかりやすくなります。

次ページは、計画書の具体例です。

平成○年度　体力づくり実施計画

平成○年4月○日
○○小学校　体育部

1　目　的
自己の心や体の健康・安全に対する意識を高める。
心や体の健康を保持増進し、自己の体力の向上を図る。

2　子どもの実態（昨年度）

【運動技能別の結果分析】
- 「体つくり運動」…跳ぶ力にやや課題が見られる。
- 「水泳」…25mの習得率、3年生○％、4年生○％、5年生○％、6年生○％である。
- 「器械運動」…鉄棒の技能は子どもによって習得の差が激しい。逆上がりの習得率は、3年生で○％である。
- 「陸上運動」…50m走は、全国平均を概ね上回っている。
- 「ボール運動」…ソフトボール投げが○○市の平均より低く、全国平均に比べやや低い。キャッチやキック、ドリブルといった技能は、スポーツクラブでの経験が豊富な児童と、運動経験が不足している児童との差が大きい。

【評価観点別の結果分析】
- 「技能」…○年度のスポーツテストの結果、「立ち幅跳び」と「ソフトボール投げ」で○○市平均を下回っている。
- 「態度」…休み時間に常に外に出て運動をしている児童もいるが、運動に親しめない児童も多数いる。持久走記録会の放課後練習にも、必ず参加する児童としない児童がいる。
- 「思考・判断」…自己の目標をもち、技能を高めていこうとすることは概ねできているが、練習方法を工夫したり、互いに教え合い、学び合おうとする態度にやや欠ける。
- 「保健」…事故やけがが一昨年よりも多かった。日常生活におけるけがや事故、病気に対する意識を高めていく必要がある。

保護者の学校評価アンケートにおいて、「子どもは、体力・気力ともにたくましい子どもに育っている」への満足度が100％である。だが、運動に親しんでいる児童と、運動を普段していない児童とに分かれている傾向が見られる。

3　めざす子ども像

心や体の健康を理解し、運動に親しむ児童の育成

〈技能〉及び〈関心・意欲・態度〉	〈思考・判断〉	〈保健に関する知識〉
運動技能を身に付け、日常生活の中に進んで運動を取り入れようとする子ども	めあてをもって、友だちとかかわり合いながら運動に取り組む子ども	心と体の発達と健康について考え、生活に生かす子ども

	〈技能〉及び〈関心・意欲・態度〉		〈思考・判断〉		〈保健に関する知識〉
低	基本的な動きを身に付け、進んで外に出てだれとでも仲良く遊ぼうとする子ども	低	上手になりたいという思いをもち、きまりや活動を工夫して、友だちと楽しく運動に取り組むことができる子ども	低	運動と健康がかかわっていることを知り、自分の体を大切にしようとする子ども
中	基本的な動きや技能を身に付け、進んで外に出て、決まりを守って協力して運動したり、仲良く運動しようとする子ども	中	自分なりのめあてをもち、活動を工夫しながら、友だちと一緒に各種の運動に楽しく取り組む子ども	中	健康的な生活の仕方や体の発育・発達について理解し、自分の生活に生かそうとする子ども
高	基本的な運動技能を身に付け、進んで外に出て集団で仲良く運動したり、めあてをもって体を鍛えたりする子ども	高	自分のめあてに向かって、各種の運動の特性を理解し、友だちと活動を工夫しながら運動に取り組む子ども	高	心の健康、けがの防止及び病気の予防について理解し、学んだことを実践しようとする子ども

4　指導の場
年間を通して児童の自己の体力向上に対する意識をもたせ、各学期において児童の体力の向上を図る場を設定していく。

〈技能〉及び〈関心・意欲・態度〉
- ○業間時間（休み時間）
  - 体育委員会を中心とした運動イベントを開き、同学年や異学年で取り組む。
- ○家庭（土・日）
  - 友だち同士での外遊びや運動を奨励する。（なわとびがんばりカード、マラソンカード、鉄棒カードの使用）

〈思考・判断〉
- ○教科（運動領域）
  - めあてに挑戦するとともに、仲間と運動する楽しさや良さを味わわせ、力いっぱい活動できる場を設定する。
- ○特別活動
  - 友達と協力したり、努力を続けて自己の力を高めたりできる場を設定する。

〈保健に関する知識〉
- ○学級活動
  - 自己の体の成長や、基本的生活習慣の大切さなどを理解させる。
- ○保健領域
  - 中学年、高学年で自己の体や心の発達・健康について理解させ、生活に生かすことができるようにする。

○学校行事
- 保健安全週間、運動会、陸上記録会などの学校行事に積極的に参加させ、健康的な生活を送ることができるようにする。

○教科外体育
- 希望により陸上大会、水泳大会などに参加できるよう紹介を行う。また、参加者がいる場合は、学校教育活動の範囲で支援を行う。

5　指導の重点

「水泳」…4年生までに80％以上の子が「平泳ぎかクロールでの25m以上泳げる」ようにすることを目指す。そのため、各学年で習得させたい水泳の技能と指導方法とを明示し、水泳の基礎技能の確実な習得を図る。
- （低学年）呼吸法の習得（水中で息を鼻から出し、息を「パアッ」とはくことで吸気する）と、伏し浮きの習得
- （中学年）3年生で、けのびからの連続の息つぎを習得させる。4年生でゆっくり泳いでの25mを目指す。
- （高学年）正しいフォームを習得させ、息つぎをしながら、長く泳ぐことができるようにする。

「器械運動」…3年生までに、鉄棒の基礎技能を習得できるよう、「鉄棒がんばりカード」を鉄棒に設置し、カードに載っている技能（前回りおり、「つばめ」、「踏み越しおり」などの技能）の習得を図る。
特に、逆上がりの習得率を高めるため、次のように各学年で重点的に指導を進めていく。
- （低学年）雲ていや登り棒などを使い、楽しみながら逆さ感覚や筋力を養っていく。
- （中学年）補助具（逆上がりのベルトなど）を活用して、段階的に練習を行えるようにし、技の習得を図る。
- （高学年）鉄棒に触れる機会を多くする。前方支持回転など難しい技をする場合は、補助具を活用して感覚をつかませる。

「ボール運動」…技能の差が大きい現状を変えるために、「投げる」、「捕る」、「蹴る」、などの基礎技能をくり返し行う場を設定し、基礎技能の習得を図る。また、ルールや教材を工夫し、どの子も楽しく運動ができる環境をつくるようにする。

「保健領域」…生活習慣の乱れが増加傾向。望ましい生活習慣の案内とアンケートを、保護者・子ども向けの両方に、実施する。

第3章
一年間の方針と動きを
確定する

16 運動・保健に関する全体指導計画を起案する(2)

 学校全体で教育活動を意図的・組織的・計画的に行うには，指導方針と手だての共通理解が何より大切になる。
特に，「指導の重点」には，具体的な手だてを明記したい。

☑ 盛り込みたい内容

5つの項目の中で，特にしっかりと盛り込みたい内容は次です。

❷子どもの実態
❺指導の重点

この2つは，毎年変わるものです。
「子どもの実態」を明記することで，「もっとこんな力をつけたい」という願いから，「指導の重点」が考え出されたことが明確になります。
実態を記入するには，運動技能の調査が必要不可欠です。
自校で大切にしたい運動技能をいくつか設定しておくとよいでしょう。
例えば，小学校六年間でぜひとも身につけたい技能として，「水泳25m」「逆上がり」「倒立」「二重跳び」などを設定します。これらの運動は，きちんとした指導法で教えれば習得させられる運動技能です。そして毎年，これらの項目の調査を行い，実態をつかむようにするのです。
全ページで紹介した計画書の例では，「技能」と「関心・意欲・態度」が同じ項目になっています。これには意味があって，関心・意欲・態度だけを

育てようとしても，運動技能の向上が伴わないと難しい面があるからです。つまり，運動の技能を身につけさせることで，関心・意欲・態度を育てていくという決意をここに表したわけです。

運動・保健に関する全体指導計画は体育主任が立案します。そのため，体育主任の思いが具体化されたものになります。

また，**教職員や地域，保護者の願いも反映しつつ作成する**ことが大切です。

☑ 指導の重点

「指導の重点」は，**具体的にどんな手だてをとるのかを明記します**。もちろん，手だての中心は教科としての体育授業になります。

例えば，運動能力を伸ばすのが今年の目標なら，様々な運動メニューを紹介して，体育授業に取り入れてもらうといったこともできるでしょう。保健に関する知識を教えるのも，教科の体育授業で行うことになります。

ただし，授業外の休み時間にできることもあります。運動嫌いの子に運動する習慣をつけさせるために，運動能力に左右されない遊びを行うことなどです。他にも，休み時間に体育館を使用できる割り当て表をつくり，体育館でできるスポーツに親しんでもらうのもよいでしょう。

全体指導計画には，特に運動が苦手な子のための配慮を入れたいものです。

手だてが明記されていることで，手だての共通理解ができ，組織的な指導が可能になります。

また，計画的に指導できるよう，いつどんな手だてをとるのかも書いておくとよいでしょう。

大切なのは，各担任が計画を見て動けるようにすること。
「子どもの実態を何とかしたい」という思いを共有しつつ，具体的な手だてを共通理解しておきたい。

第3章
一年間の方針と動きを
確定する

17 体育授業の年間指導計画を起案する

 昨年度の反省や改善案をもとに、体育授業の年間指導計画を作成する。体育主任が最終確認をして、4月最初に起案の運びとなる。作成で気を付ける点を紹介する。

☑ 体育授業の年間指導計画

3月までに、前年度の年間指導計画の振り返りをしているはずです。

「年間計画に無理がなかったか」「別の運動を選択した方がよかったのではないか」など、担任に様々な視点で振り返りをしてもらいます。

実際に一年間体育授業をした担任の意見は大変貴重です。

具体的な意見がたくさん出るはずです。それらの意見を反映させながら、最終的に体育主任が年間指導計画を完成させます。

☑ 年間指導計画の最終確認ポイント

最終確認のポイントは、まず**各学年の運動の系統化が図られるようにする**ことです。

例えば、3年でポートボールをしたら、次に上の学年でバスケットボールをするはずです。このように、**何かの運動が、上の学年の運動に生かされるようになっているかどうか**を確認していきます。

また、重複がないかどうかを調べることも大切です。**似た運動ばかりをどの学年でもやっていないか**をチェックするのです。担任がバスケットボールをしたいからといって、バレーボールと代えることはできません。そういう

意味では希望にそえないこともあります。

　さらに，**施設の割り当ても体育主任が配慮すべき**です。

　6年生がサッカーをするなら，5年生は体育館でバスケットボールをする，といった具合に，運動場と体育館でするスポーツが重ならないようにします。

　また，マット運動や跳び箱運動では，体育館を使用する必要があります。それも，できれば3時間ぐらい連続で体育館を使用できるように，システムを組まなくてはいけません。途切れ途切れにマット運動をするのと，連続でマット運動をするのとでは，技能の習得率が違ってくるからです。

　難しいのは，大規模校の場合です。学年で同じ月にマット運動を指導するため，体育館の使用が重なってしまうのです。

　そこで，マット運動や跳び箱運動が重ならないよう，**学級によって指導時期を少しずらすなどの弾力的な運用をしていく必要がある**のです。

　最後に，**授業時数が適当かどうか**を確認します。

　一部の領域に偏らないよう授業時数を配当することについては，文部科学省の『小・中学校新学習指導要領Q&A（教師向け）』において，「児童や学校の実態に応じて，どの領域も『学習指導要領の内容を身に付けられる授業時数を配当する』ということを意味しています」とされています。

　つまり，授業時数の配分方法は，各校に任されているのです。技能の習得に時間がかかる運動領域や，子どもの実態から考えて重点を置きたい運動領域に，重点的に授業時数を配分していくとよいのです。

　これは，学年の実態も考えなくてはならないので，最終的には担任にも判断してもらうとよいでしょう。

心得
17

体育授業の年間計画では，学習内容の積み重ねがなされるように，つまり，以前学習した内容を生かせるように運動の系統を考える。
施設の割り当てや授業時数にも無理が生じないように注意したい。

第3章
一年間の方針と動きを
確定する

18 系統的な指導が必要な内容の計画

> どの学年でも教えることになっている内容では，特に系統的な指導が必要になる。その最たるものが水泳。では，どのようにして系統的な指導を進めればよいのだろうか。

☑ 各学年の到達目標と指導内容の共通理解

　系統的な指導をするには，例えば**水泳であれば，小学校卒業までにどれぐらいの泳力を保障するのかを決めておく必要があります**。私の学校では，「卒業までに最低でも25mは泳げるようにする」という目標を掲げていました。卒業までに保障すべき泳力が決まれば，何年生でどの程度泳げるようにすればよいのかが決まってきます。そして，各学年で，どんな内容を，どんな練習メニューで修得させるのかを決めるのです。到達目標と指導内容を共通理解しておくと効果的な指導ができ，指導内容が子どもに積み上がっていきます。
　ちなみに，私は体育主任として次の目標を提案しました。

```
1年…顔を水につけられる，ブクブクパァができる
2年…ゆうれい浮きができる
3年…水に浮かんだ状態での連続の息つぎができる
4年…プールの横を泳げる
5年…25m泳げる
6年…50m泳げる
```

さらに，全学年の指導計画例をつくりました。あくまで例ですが，大きく指導がぶれることがなくなり，指導法の反省にもつなげることができます。

第3学年　　水泳指導計画

| 目標 | ・水に浮いた状態で，連続の息つぎができる。
・「かえる足泳ぎ」か「クロール」で，息つぎをしながら１０ｍ以上泳ぐことができる。 |

0　　　10　　25　　　　　　　55　　　　　70　　75

| (全体)
準備運動 | ３つの基礎
技能の練習 | 「かえる足泳ぎ」か
「クロール」の練習 | 泳力別練習
（２～３グループ） | 整理
運動 |

月/日(曜)	2	3	３つの基礎技能の練習 （呼吸・浮く・連続息つぎ）	かえる足泳ぎ	クロール
( )			プール開き（プールでの約束，水慣れ，目標の説明）		
( )			実態調査（①３つの基礎技能の調査＋②何ｍ泳げるかの調査）		
( )			【基礎技能の習得】 ①水中歩行 ②水にもぐる練習 ③伏し浮き ④ダルマ浮き ⑤け伸び ⑥ボビング **⑦連続ダルマ浮き** ⑧け伸びからイルカ跳び **⑨け伸びから連続の呼吸** ⑩水中歩行での平泳ぎの手のかきと呼吸の練習 ※下線→「ヘルパーあり」 ※全てを毎回するのではなく，いくつかの練習を選択する。	【かえる足泳ぎの練習】 〈ステップ１〉 ☆平泳ぎの手のかきと呼吸を合わせる練習（キックはしない） 〈ステップ２〉 ☆ゆっくりと平泳ぎ（キックを意識的に行う。ドルフィンでもよい） 〈ステップ３〉 ☆平泳ぎ（かえる足） ※ステップ１ではヘルパーを３つつける。 ２５ｍ泳げるようになったらステップ２へ。 ステップ２で１００ｍを泳げるようになったら，ヘルパーを１つ減らしてステップ１へ戻る。以後繰り返し。 ヘルパーがなくなったら，ステップ３へ。（ステップ３でのヘルパー数は子どもの実態を見て判断） ※キックの練習は随時 ①プールサイドに座って ②プールサイドにつかまって ③ビート板でキック	【クロールの練習】 ①クロールの手のかきを陸で練習 ②クロールの息つぎを陸で練習 ③水の中に入って，立ったまま手の練習 ④水の中で立ったまま息つぎも入れて練習 ⑤プールサイドを手で持って，軽くバタ足をしながら手と息つぎの練習 ⑥面かぶりクロール ⑦ビート板を使って片手だけで呼吸の練習 ⑧ビート板を使って息つぎありのクロール ⑨補助具なしで息つぎありのクロール ⑩２５ｍに挑戦 ※バタ足はあまりしない（バタ足をし過ぎると，すぐ疲れて立ってしまうため。ゆっくり泳ぐ） ※面かぶりクロールは，前で呼吸ができる人はしてもよい
( )					
( )					
( )					
( )					
( )					
( )					
( )					
( )					
( )					
( )					
( )					
( )					
( )			検　　　　　　　　　　　定		

☆　着衣水泳を１時間確保する
☆　救急処置について

救急処置　─┬─事故児童の手当て　　　　　事務室に連絡
　　　　　　└─他の児童への指示　　　　同時

> 第3章
> 一年間の方針と動きを
> 確定する

19 新年度の授業開始後の体育部会で行うこと

 体育科教育課程に関する起案文書が通り、新年度の授業が始まった後に体育部会を開く。この体育部会は、一年間の仕事の進め方が決まる重要な会議になる。

☑ 2つの仕事のカテゴリー

体育科教育課程に関する起案が通った時点で、仕事の分担を行います。仕事を振るときは、大きく2つのカテゴリーを想定しておきます。

❶一年を通して日常的に行う必要のある仕事
・運動場の整備と土入れ、砂場の管理
・学級の体育関係の用具の手入れ（ボール、長縄など）
・体育倉庫の整頓や、石灰の補充、用具の傷み具合の確認

❷期間限定の仕事
・記録会のための練習指導プログラムの作成・改定
・水泳指導の到達目標の見直しと指導法の明確化
・夏休みの水泳特別練習
・各種運動大会に向けた練習や参加の申し込み
・健康な生活を送れるようにするための家庭への周知の取り組み

❶のような一年を通して行う必要のある仕事は、担当を決めてそれぞれ仕事を進めてもらいます。

❷は，ある期間に限定されますが，責任が重くなります。若手を育て，いつの日か体育主任をしてもらうのならば，こういった責任のある仕事を振ることも必要です。❷の仕事には，今年の運動・健康の重点目標も含まれます。例えば，健康な生活を送るための周知などがそれにあたります。

☑ 仕事の割り振りのポイント

　仕事の割り振りで大切なのは，まず**仕事の価値や重要性をしっかりと説明する**ことです。そのうえで，**体育部員に選択してもらう**とよいでしょう。つまり，自信があり，かつ意欲をもてる仕事に就いてもらうわけです。

　体育主任は，最も責任のある仕事か，労力がかかりそうな仕事を引き受けるとよいでしょう。

　もちろん，運動会や何かの記録会などの運営は体育主任が引き受けた方がよいでしょうし，細々とした仕事も体育主任が自分でやってしまうのは１つの手です。

　ただ，体育部員に当事者意識をもってもらい，責任者として仕事をしてもらうと，主任１人で進めるよりも質の高い仕事になることが少なくありません。体育主任がすべての企画と運営にかかわるのは当然ですが，分担できる仕事は分担しましょう。

　分担の際は，「いつまでに」「だれが」「何を」「どこまで」するのかを共通理解しておく必要があります。

　一番だめなのは，やるべき仕事は決まっているのに責任者が決まっていない状態です。だれも動かないので結局体育主任が全部やることになります。

責任者を決めるため，体育関係の仕事をすべて洗い出しておく。そして，その仕事にどんな価値があるのかをしっかりと説明する。そのうえで，適材適所で仕事を分担していくとよい。

第3章
一年間の方針と動きを
確定する

20 全校児童の運動量を確保するシステムをつくる

休み時間の運動量は，年間を通してかなりのものになる。
休み時間の運動が充実するかどうかは，運動のための環境をつくることができるかどうかにかかってくる。

☑ 貸し出し用の用具を準備しておく

運動会前のシーズンになると，休み時間にバトン練習をしたいと訴える子どもが出てきます。

また，陸上記録会が近づくと，砂場で幅跳びの練習をしたいと願い出る子もいます。

特別な行事がなくても，鉄棒の練習をしたいと言う子もいるでしょう。

意外と休み時間に体育用具を借りたいという子どもは多いのです。

それに，休み時間の運動は，運動技能の向上にもつながります。

そこで，**休み時間中の子どもへの貸し出し用の体育用具を準備しておく**とよいでしょう。

もちろん，各教室にも必要最小限の用具は設置しておきます。教室に設置するのは，例えば，各種ボールや長縄などです。それとは別に，全校児童に貸し出すための用具も用意しておくのです。

例えば，休み時間に子どもが使いたいとよく言う用具には，バトン，メジャー，鉄棒の補助具，マーカー，コーンなどがあります。

私の場合，陸上競技用のスパイクも，貸し出し用に置いておき，大会前の期間限定で貸し出していました。スパイクは，歴代の卒業生が寄付してくれ

たものや，私の個人持ちのものもありました。

☑ たくさんあると重宝するもの

たくさんあって最も重宝するのは，空気入れとボールです。

空気入れは，複数購入し，置いておくとよいでしょう。ポイントは**様々な場所に置いておく**ことです。職員室にも置くし，体育倉庫や体育館にも置いておきます。困るのは空気入れのピンがない場合です。ピンは傷みやすく，折れてしまうことがよくあります。余裕をもって購入しておきましょう。

替えのボールも，十分に余裕をもって置いておきます。各担任からボールを新品に替えてほしいと依頼があったら，すぐに替えられるようにしておきましょう。

☑ 運動量の確保のために

雨で運動場が使えないときのために，体育館の割り当て表を配付します。

雨の日でも，どこかの学級は，体育館で運動することができるようにしておくのです。

また，なわとびカードや鉄棒カードなど，子どもが見て練習できるものを用意しておきます。

練習カードの見本をいくつか用意しておき，各担任が自由に印刷ができるようにしておくとよいでしょう。カードがあるだけで，子どもは，休み時間や家で練習をするようになります。

年度はじめに，いつでも運動が可能な環境づくりができたら，一年間子どもたちは休み時間の運動で困ることがなくなる。担任からの要望があれば，追加で様々な用具を用意し，貸し出せるようにしたい。

体育主任は輝ける仕事

　体育主任は，学校の中で様々な行事の中心となります。
　子どもとかかわることも多い仕事です。
　記録会の参加などでは，手塩にかけて育てた子どもたちが活躍するのを間近で応援し，子どもの成長に感動を覚えることでしょう。
　体育主任は，言ってみれば「表舞台で輝ける仕事」です。
　日々の仕事量は多いですが，それだけやりがいのある仕事なのです。
　ただ，注意したいのは，表舞台で輝いているのは体育主任である自分ですが，裏方の目立たない仕事を多くの先生方が手伝ってくれているということです。
　体育主任が表舞台で輝けるのは，そういった「縁の下の力持ち」の先生方の協力があってこそなのです。
　ここを絶対に忘れてはいけません。
　何かの行事が成功したとき，自分だけががんばったと思わない。
　そして，他の先生に感謝する。
　この気持ちを忘れないようにしたいものです。

第4章
体育主任の実務をスマートに行う 日常編

　　　体育主任の実務をする際のポイントを紹介していきます。
　　　大切なのは,「システム」です。
　　　個々の教員に任せっきりにしたり,体育主任1人のがんばりで何とかしようとしたりするのではありません。それでは,やがては「無理」が出てきます。
　　　そうではなく,学校のシステムとして,仕事が効率よく進んでいくようにすることが必要なのです。

Chapter 4

21 施設の管理と指導環境の整備(1)

「施設管理」を意味する「ファシリティマネジメント」という言葉がある。施設や用具は，だれもが効果的に使うことができるように管理していこう。

☑ ファシリティマネジメント

ファシリティマネジメントが意味する「施設管理」の「施設」とは，単に土地や建物だけを指すのではありません。

他にも，「人が利用している環境」や「情報利用の環境」なども含みます。つまり，**施設を効果的に使用する方法をも含む**わけです。

ファシリティマネジメントでは，次の3つの視点で，施設を管理します。

❶教師から見て最適か
❷使用者（子ども）から見て最適か
❸保全ができているか

☑ 施設管理マニュアル

体育施設の管理は，体育主任が中心になって行います。

しかし，すべてを1人で管理しようとすると無理が出てきます。

例えば，プールの管理を体育主任が全部1人でするのは困難です。

出張中は，体育主任以外の教師にも管理をお願いしなくてはなりません。

だれにとっても管理がしやすい環境をつくる方法として、例えば、**施設の管理マニュアルをつくる**という方法があります。

　プールの機械操作の部屋に、パソコンでつくったマニュアルをラミネートして掲示します。マニュアルを見ればだれでも操作できるというわけです。

　さらに、一年に1回しか触らないような機械にもマニュアルを設置します。「いつ、何を、どのように」するのかが書かれているので、体育主任が変わっても困ることがありません。

☑ 指導マニュアル

　管理マニュアルに加え、指導マニュアルを作成するのもよいでしょう。

　例えば、各学年のプール指導マニュアルを作成します。夏の水泳の特別練習では、他の先生にも担当をお願いしなくてはならないからです。陸上記録会に向けた放課後練習用の指導マニュアルもあるとよいでしょう。

　もちろん、マニュアル通りに指導しなくても構いません。ただ、指導の目安にはなります。それに、もっとよいアイデアがあるなら、マニュアルを修正していきます。**毎年少しずつ指導法が改善されていくようにする**のです。

　例えば、「体力の向上を図る」という今年の重点目標があるなら、体力の向上を図るための指導例や活用したい体育用具、施設を紹介します。

　つまり、学校全体で取り組む体育・保健関係の目標実現のために、施設や用具を戦略的に活用できるようにしていくのです。日常の業務レベルでの施設管理に加えて、学校全体の体育・保健関係の目標を達成するという全体経営レベルでの、施設活用をできるようにしていくのです。

指導法の共有は、極めて重要。日々の体育授業の様子を紹介するのもよい。学級通信に体育授業の様子を写真入りで載せ、同僚に配る。施設や用具をどう活用すればよいのかも共有できる。

> 第4章
> 体育主任の実務を
> スマートに行う
> 日常編

22 施設の管理と指導環境の整備(2)

 ファシリティマネジメントの考え方を取り入れて，体育施設の管理と指導環境の整備を行う。そのためのアイデアをさらに紹介していこう。

☑ 子どもに向けた使い方表示

子どもに向けた「練習マニュアル」を設置する方法も効果的です。

例えば，鉄棒近くの壁などに，鉄棒の技を紹介したプリントを設置します。練習の仕方や，技の難易度を示したプリントです。安全面の配慮も必要なので，**教師がいなければできないような技は載せません**。低学年でもできそうな「ふとんほし」「こうもり」や前回りのいろいろ

なバリエーションなどを絵や写真を使って紹介します。

それだけで，子どもだけでいろいろな技にチャレンジできます。勤務校では21種類の技が書かれたプリントを鉄棒のそばに設置していました。

☑ 安全管理

前提として，施設の安全管理ができているかを確認するシステムができていなくてはなりません。そのため，定期的に安全点検を行うようにします。安全点検は**必ず複数の目で見る**ことが大切です。毎回同じ人が点検するので

はなく，違う人が点検するようなシステムを組みます。

　安全管理ができているうえで，さらに，安全を積極的に確保する手だてをとっていきます。

　例えば，**そもそも危険な箇所をなくしてしまう**ことで事故防止になります。サッカーゴールの柱にクッションをつけるといったことです。

　また，**子どもが危険な行為をしないように呼びかける**のもよいでしょう。

　例えば，バスケットゴールなどにぶら下がってゆする子が必ずいます。くいを打って安全に配慮していても，ぶら下がって揺らしていると，くいは簡単に抜けてしまうものです。口での呼びかけも大切ですが，「登らない！」「危険!! ぶらさがらない！」などの看板を設置しておくとよいでしょう。

☑ 保全のための管理システム

　施設を良い状態に保つために，2つの方法で保全を行います。

　1つは，定期的に行う管理です。安全点検や，定期的な修繕がここに入ります。

　もう1つは，授業後の整理整頓など日常的に行う管理です。

　大切なのは，**「いつ」「だれが」「どこまで」行うかを決めておく**ということです。

　特に気をつけたいのは，「砂場」「運動場のバスケットゴール」「サッカーゴール」「遊具」「体育館の床」「運動場のロープやトラック」「体育倉庫」などです。**施設のことで気がついた点があったら，必ず体育主任に報告してもらうようにしておきましょう。**

心得22 場合によっては，施設の診断を専門家にお願いする。特に，傷みの激しい施設は必ず業者さんに見てもらおう。専門家に見てもらうと，意外に大丈夫という場合もある。

第4章
体育主任の実務を
スマートに行う
日常編

23 運動場（砂場）の整備

整備が行き届いた運動場は，水平で運動がしやすいうえに，土の状態もよい。しかも，雨が降っても水たまりができにくい。運動場の水はけをよくするのも大切な仕事の１つとなる。

☑ 運動場の整備

　運動場整備のポイントは，**「水平にすること」「水はけをよくすること」**の２つです。

　水平にするには，雨の日の運動場を見ることです。水が流れたり，たまったりするところが，平らではない場所です。そこに土入れをしたり，トンボをかけたりします。

　コツは，**運動場の真ん中に土をしっかりと入れておく**ことです。運動場の真ん中が低いと水がたまり，水はけが悪くなるからです。

　忘れやすいのが，運動場の排水溝の掃除です。この排水溝が土で埋まっていて，水はけが悪いということはよく起きます。例えば，運動場の掃除係に排水溝を掃除してもらうなどのシステムを組めばよいでしょう。

　雨が降ってもすぐに運動場が使えるほど水はけがよくなると，ずいぶんと運動場使用率が違ってきます。

　ただし側溝の掃除などが物理的に難しい場合もあります。また，運動場の土自体が雨水を排水しにくいタイプの場合もあるので，この場合は，業者さんに側溝の掃除をしてもらったり，運動場の土を変えてもらったりする必要があります。

運動場を一度に全部整備するよりは，毎日少しずつでも土入れを行い，溝掃除を続ける方が，よい状態で維持できます。

　1週間に1度でも，トンボをかけて平らにするだけで，運動場はいつも使いやすい状態になります。地域のスポーツ団体が休日に活動を行い，トンボをかけてくれている場合もあります。そういう貢献をしてくれている方々の動きをつかんでおくことも大切です。

☑ にがりまき

　砂埃が舞うのを防ぐために，にがりまきを行います。風が強い地域などは，にがりまきを定期的に行います。

　にがりを山のように置き，それをブラシで平らにすると簡単に作業が終わります。運動場全体にまく日を決めて，体育部で作業をするとよいでしょう。

☑ 砂場の整備

　整備の前に，異物を取り除くことが必要です。ゴミやおもちゃなどが埋まっていることがよくあります。場合によっては抗菌処理も必要となります。

　定期的に柔らかく耕します。ポイントは，**砂場と運動場の境目をはっきりさせておく**ことです。段差をつけて，運動場の土や石が入らないようにしておきます。

心得 23　雨が降ったら運動場を観察する。水たまりができているところをチェックし，土入れをする。でこぼこしたところにはトンボをかける。運動場がよい状態を保っていれば，運動量も確保できるようになる。

第4章
体育主任の実務を
スマートに行う
日常編

24 用具・器具の整備・管理(1)

 体育主任は，用具・器具の整備・管理を行わなければならない。まずは，整備をしっかり行おう。そのうえで，合理的かつ効果的に管理することができればベストである。

☑ 用具・器具の充実

　用具・器具を充実させるための視点の1つは，**運動技能の習得を確実に行うことができるかどうか**ということです。

　まずは，次の2つの観点でチェックしてみましょう。

> ❶設置されている用具・器具は適切か
> ❷用具・器具の数がそろっているか

　例えば，小学校卒業までに「跳び箱が跳べる」「逆上がりができる」「25mを泳げる」を確実に習得させたいのであれば，「低学年用のやわらかい跳び箱があるか」「逆上がりのためのベルトや器具がそろっているか」「水泳の補助具は今のものでよいか」といった問いが生まれてきます。

　用具・器具の数が適切かどうかをチェックすることも大切です。必要数はどんな学習形態にするかによって変わってきますが，いずれの場合も，**「運動量が十分確保できるか」**を考えることで適切な数が見えてきます。

　ボールや水泳のビート板などは，1授業時間に使用する人数に基づいて最低でも1人1つは確保します。

リレーのバトンは，1チームにつき2〜4人で練習できるだけの数を確保します。
　マットは，最低3人に1つは確保したいところです。可能であれば，2人に1つ確保します。
　ハードルは，身長によってインターバルが違ってきます。そこで，できればインターバルの異なる3つ以上のレーン数分のハードルを確保できるようにします。
　用具・器具の数によって練習の密度は異なってきます。どの子も汗をかくほどの運動量を確保できるか，数を見直してみましょう。

☑ 用具・器具の管理方法

　体育の授業では，大前提として安全面への配慮が求められます。
「耐用年数が過ぎて古くなっている用具・器具はないか？」
「傷みによって修理が必要な用具・器具はないか？」
　こうした視点から定期的にチェックを行うようにします。最低でも1ヶ月に1度は体育部でチェックするようにし，日常的なチェックは各担任や体育部のメンバーにも行ってもらいます。傷みの激しい古い用具・器具は思い切って捨てましょう。
　逆に，少し修理すれば支障なく使えるようになるものもあります。逆上がりの練習器具などは，古そうに見えても，ペンキを塗り替えるだけで新品同様によみがえることもあります。体育主任が見た目で判断するのではなく，業者さんなど専門家の目で見てもらい，判断しましょう。

新しい体育用具・器具は次々と開発されている。古いものは順次新しいものに取り替えていこう。ただし，予算の関係もあるので，購入の優先順位は決めておきたい。

> 第4章
> 体育主任の実務を
> スマートに行う
> 日常編

25 用具・器具の整備・管理(2)

>
> 消耗品のチェックを体育委員会の仕事にする。
> 予算不足でそろわない場合は、代用品を用いる。
> 用具・器具の整備・管理は工夫しよう。

☑ 消耗品のチェック

　用具・器具の管理で最も気をつけたいのが，**ボールの数**です。

　ボールは傷みやすく，交換が必要となる頻度が高いからです。

　例えば，体育倉庫で見た目上の数はそろっていても，空気を入れても抜けてしまう，ボロボロのボールがあるかもしれません。そこで，定期的に傷みのチェックと交換を行うようにして，在庫も多めに用意しておきます。

　また，ボールかごが少なく，十分な数のボールを授業で用意できないこともあります。せっかく在庫が豊富にあっても，ボールかごが少なければ結局ボールを使えないことになるので注意が必要です。

　私の学校では，体育委員会の仕事の1つとして，ボールの空気入れと新品への取り替えがありました。

　また，年度はじめには，**各学級に「ボール配当表」を配る**ようにしていました。何のボールが，どのクラスにいくつあるのかが一目瞭然でした。これも，委員会で1か月に一度，各学級のボールの数と傷み具合をチェックし，補充するシステムになっていました。

　その他，痛みやすいものとして，水泳のビート板やヘルパーがあります。これらは水泳指導の時期が終わった後で，傷みを確認しておきましょう。

☑ 定期購入するものをリストアップ

　定期的に購入する必要のあるものは，なるべく早めに予算に計上してもらいます。特に，**白線の石灰はすぐになくなります。**こういったものは，定期的に購入してもらうようにします。他にも，定期的に購入した方がよいものとして，ビニールテープ（体育館に使用），火薬，にがりなどがあります。

　足りなくならないように，定期的なチェックを行いましょう。

☑ 予算が足りない場合

　予算が足りず，十分な数を用意できないこともあります。

　もし予算が足りないなら，**ダンボールやペットボトルを集めておく**とよいでしょう。

　例えば，ダンボールはハードルの代わりに使えます。

　ペットボトルも，ボール蹴りの的や短距離走の目印（8秒間走でどこまで行くかの目印）にも使用できます。

　私の場合，バランスボードがなかったので，廃棄処分になった机の天板を使ったことがありました。二重跳びのためのジャンピングボードを，地域の方にお手伝いいただいてつくったこともあります。さらに，フラッグフットボールでは，しっぽの替わりに学校にあるハチマキを使用していました。

　どうしても予算が足りないなら，安く購入できるもので代用したり，無料で何とか用意できないかを模索したりしてみましょう。

　知恵を絞れば，意外と困らないものです。

心得 25　ニュースポーツが導入されれば，用具・器具購入のための予算が必要になる。担任にも，足りないものや買ってほしいものがあれば，要望書を提出してもらえばよい。昨年度の購入希望調査も参考にしよう。

第4章
体育主任の実務を
スマートに行う
日常編

26 用具・器具の設置の方法

たとえ用具・器具がそろっていたとしても，すべての教師が十分に活用できなければ意味がない。体育が苦手な教師にも使いやすい設置の仕方を考える必要がある。

☑ 体育倉庫内は運動種目別に用具・器具を配置する

体育倉庫の中は，ともすれば乱雑になりがちです。

そこで，体育倉庫内は運動種目別に用具・器具を配置していきます。

例えば，幅跳びに使う「ロイター板」「メジャー」「色別のゴムひも」「トンボ」などは同じ場所に置いておくようにします。

いちいち**用具を探す時間を省けるうえに，まとまっていると運ぶのも楽**だからです。

☑ 体育倉庫内のどこに何があるのかを示す

また，体育倉庫内のどこに何があるのかを示すことも大切です。

最初の職員会議で，体育倉庫内の用具・器具の場所を示した図を配付するとよいでしょう。ボールやバトンがどこにいくつあるのかを，担任と共通理解しておくのです。

こうしておくと，**片づけが楽になるうえに用具・器具の紛失を防ぐこともできます。**

また，「あれってどこにあったっけ？」「○○用具はありますか？」などといちいち体育主任に確認しなくとも，担任が探してくれるようになります。

それどころか，数が足りなかったら，体育主任まで報告にきてくれるようにもなります。

☑ 用具・器具を活用してもらうために

体育授業が苦手な教師にも用具・器具を活用してもらうためにおすすめの方法があります。

用具・器具の使い方の例を示すのです。

例えば，ソフト体操棒という用具があります。

これは，体操や体つくり運動で使うだけでなく，使い方によっては，右の写真のように運動会種目の低学年障害走や，ハードル走の導入で用いることができます。

予算が少ない場合や，学校で保有上限が決められている場合は，例えばソフト体操棒をハードル代わりに使うことも可能です。体操棒としても使えて一石二鳥です。

体育倉庫の中の用具・器具を一度全部確かめてみるとよいでしょう。**意外と使い方のよくわからないものが眠っている**ことがあります。

そういった用具・器具の使い方を調べて紹介すれば，担任から大変喜ばれます。

用具・器具の一覧を配付するだけでなく，使い方まで学級担任に知ってもらうことが大切なのです。

用具・器具の一覧を担任にも配付しておく。さらに体育倉庫の図と，体育倉庫内の用具・器具の場所を示した図を配付する。用具・器具の設置に際しては，こうした配慮を行き届かせたい。

第4章
体育主任の実務を
スマートに行う
日常編

27 担任と協力して子どもを伸ばす(1)

  実際に体育を教えているのは学級担任。体育指導を充実させようとすれば,担任との連携は絶対に外せない。では,どういった協力方法があるのだろうか。

☑ 指導法に関する情報共有

担任との協力方法は,主に3つあります。

❶指導法に関する情報の共有
❷教材・教具に関する情報の共有
❸最新の体育関係情報の共有

まずは,指導法を紹介し,情報提供することです。例えば,**体育指導のビデオ教材を購入し,自由に貸し出しできるようにしておく**のです。

私は,陸上競技の大会前練習を見越して,指導のための本やDVDを購入したりしていました。他にも,組体操のDVD,水泳の指導法の専門書を購入して紹介するなど,いくらでも方法はあります。

実際に体育指導の補助に入ったり,ティームティーチングでT1として指導をして見せたりすることも効果的です。体育主任が公開授業をして,広く他の教師に指導法を紹介するのもよいでしょう。

また,体育主任や体育部員は,体育の指導法を学べる講座や研修会に行く機会があるはずです。実技講習会に出て,そこで学んだことを勤務校の担任

に知らせる研修会を行うようにしましょう。運動会の表現運動の情報や跳び箱の新指導法などを紹介すると大変喜ばれます。

私は学級通信に体育の記事を書いて共有することもありました。

☑ 教材・教具に関する情報共有

教材・教具の紹介は，**実際に放課後などに使ってみる**に限ります。

「運動でもしませんか？」と声かけして，新しい教材・教具を紹介します。こういったミニ研修会で紹介したものは，一気に認知度が高まります。

また，放課後に教材・教具の使い方を話す機会をもつことも大切です。

学校には体育のスペシャリストの教師が幾人かいるはずです。「ハードルでおもしろそうな指導をされていましたがどのような指導なのですか？」などと，まずは体育主任が積極的にその人に質問しに行くのです。

それで終わってはだめで，それを担任にも広げていきます。もしくは，その教師に教材・教具の説明をしてもらえばよいのです。

このように，**日常的に体育の話をすることが意外と効果的**です。

☑ 最新の体育関係情報の共有

文部科学省から資料や指導事例が発表されたときには，それを文書で配付するようにします。

また例えば，体力調査の結果，投げる力が全国平均より低かったときには，投げる運動につながる簡単な準備運動を紹介したりするのもよいでしょう。体育関係の最新情報はこまめにチェックしましょう。

指導法の共有のため，体育主任は体育雑誌の定期購読や研究会への参加を積極的に行おう。また，よい教材・教具を紹介するには，教材・教具のカタログにしっかりと目を通しておくことも大切になる。

第4章 体育主任の実務をスマートに行う 日常編

28 担任と協力して子どもを伸ばす(2)

 普段行っている体育授業が充実すれば，子どもの運動技能は向上し，運動好きの子も増えてくる。しかし，若手教師は体育授業に悩んでいることが多い。どうすればよいだろうか。

☑ 体育授業が苦手な若手教師へのアドバイスを行う

　体育指導が苦手な若手教師が増えています。自治体によっては，現場に出る前に体育の指導法を研修するシステムを組んでいるぐらいです。
　そこで，**体育主任も，体育授業が苦手な教師に指導法を紹介します。**
　例えば，サッカーの指導に悩んでいる教師は結構います。サッカーは，上手な子と経験のない子の差が激しいからです。
　上手な子は，レベルの低い活動では満足できません。
　かといって，経験のない子は，レベルの高い活動にはついていけません。
　そこで例えば，習熟度別にチームをつくって3対3のミニゲームをする指導法を紹介します。上手な子のグループと初心者のグループを分けてリーグ戦を行うのです。ミニゴールを使い，得点を連続で決めることはできないなどのルールを設定します。これだけで，どの子も運動量を確保できます。
　このように，ちょっとした指導法を紹介するだけで，体育指導の苦手な教師に感謝されるはずです。

☑ 困っている若い教師にアドバイスを行う

　初任者が運動会の表現指導のチーフになった学年がありました。なかなか

指導がうまくいかないので，ポイントをレクチャーしました。

❶まず始める前に，「今日これだけはがんばってほしい」というポイントをたった1つだけ言うこと。例えば，「大げさに表現してほしい」といった，表現運動で大切なポイントを伝えて，共通理解しておく。その点を後でほめること。
❷振りつけは，1つずつ教えること。1つ説明し，やって見せて，すぐやらせて，ほめること。
❸教えたことは口で言っただけではできるようにならない。必ず，その場で何度も練習をさせること。そして具体的にアドバイスをすること。
❹位置決めと振りつけとを両方教えようとしないこと。振りつけがだいたい教え終わったときに，位置決めだけを教える時間をとること。

☑ 情報を共有する

　マラソンカード，縄跳びカードなどの授業で使えるカード類，サッカーの練習メニュー，記録用の紙などを用意し，職員室に置いておきます。そして，使いたいときに自由に印刷してもよいことにしておきます。
　また，研修会を紹介することも大切です。もちろん，体育部員が参加して周知徹底するという方法もあります。毎回必ず参加といった無理強いは禁物ですが，**体育部に限らず広く紹介し，意欲と関心に適うときに参加してもらう**とよいでしょう。

体育指導に苦手意識をもっている教師でも，指導法やメニューを知れば，充実した授業を行うことができるケースは多い。いかに有益な情報を提供できるかが主任の力の見せ所となる。

第4章 体育主任の実務をスマートに行う 日常編

29 評価の仕組みを周知する

 評価をするには，評価規準が必要になる。だれが見ても客観的に判定できるものでなければならない。評価規準をもとに評価することで，公平性が保障されることになる。

☑ 評価規準を共有する

体育科の評価の観点は大きく4つに分かれます。

❶運動や健康・安全への**関心・意欲・態度**
❷運動や健康・安全についての**思考・判断**
❸運動の**技能**
❹健康・安全についての**知識・理解**

例えば，次のような（3・4年「ゲーム」の例）評価規準を，各学校でつくっていきます。

関心・意欲・態度	思考・判断	運動の技能
●友だちと協力してゲームに取り組もうとしている。 ●安全や規律を守って，進んでゲームをしようとしている。	●ゲームの行い方やルールを理解し，みんなが運動を楽しめるようにルールを選択している。 ●チームに合った作戦を立てている。	●ゴール型ゲームにおいて，投げる・捕るなどのボールの操作を的確に行うことができる。

運動領域については，「関心・意欲・態度」「思考・判断」「技能」の3つを用意します。
　保健領域については，「関心・意欲・態度」「思考・判断」「知識・理解」の3つを用意します。
　それぞれの評価規準をもとにして，「十分満足できる＝A」「おおむね満足できる＝B」「努力を要する＝C」として評定します。
　「文部科学省委託調査　学習と学習評価に対する意識調査」（2009）では，**「思考・判断」の評価が円滑にできていない**とする回答が目立ちました。評価規準が各学校で作成されていないと，評価が難しくなります。
　作成の際は，「評価規準の作成，評価方法等の工夫改善のための参考資料」（国立教育政策研究所）など，各種資料を参考にするとよいでしょう。

☑ 評価方法を共有する

　評価をする際は，観察はもちろんのこと，**記録や学習カードも参考にします**。また，**子どもの自己評価，子ども同士の相互評価などを参考にすることもある**でしょう。多面的に評価すると，より客観的な評価になるからです。
　例えば，「課題解決のための工夫ができているかどうか」を見るのであれば，学習カードの記録を参考にするとよいでしょう。
　「勝利という課題のために，作戦を考えることができるかどうか」「自分の体力を上げるために，得意な体力を伸ばす目的で，自分に合った体力アップの種目を選べるかどうか」といった「思考・判断」の程度も，学習カードから見とることができます。

評価規準が作成できたら，評価方法も広く紹介したい。様々な評価方法が共有できていると，評価で困ることはぐっと少なくなる。そうして，各担任がより適切な評価が行える環境をつくっていきたい。

第4章
体育主任の実務を
スマートに行う
日常編

30 体育授業に関するルールを周知する

体育授業に関するルールが学校で共有されているだろうか。共有されていない状態では、各担任の判断に任されることになり、担任によってルールが異なることにもなりかねない。

☑ ルールの設定

体育授業を行ううえで、いくつかのルールが必ず必要になります。

例えば、見学のルールは決めてあるでしょうか。各担任がバラバラに判断していると、公平ではなくなります。

「体操服を忘れた場合はどうするのか」「帽子を忘れた場合はどうするのか」といったことについてルールが明文化されていると、担任も判断しやすくなります。例えば、次のようなルールをつくっておきます。

- ●見学は、原則、保護者から連絡してもらう
  ・連絡帳を利用する。
  ・当日突然体調が悪くなった子がいたら、保健室か見学を選ばせる。
- ●体操服を忘れた場合、原則見学させる
  ・見学者には、「観察カード」を書かせるなど、課題を与える。

☑ ルールの明文化

体育授業をするうえで、他にもルールを決めておいた方がよいことがあり

ます。例えば，次のようなことをどう判断するのかについてです。

> ❶グラウンドの使用（雨が降ったときどうするのか）
> ❷水泳の実施（水温と気温でどう判断するのか）
> ❸外での授業の実施（大気汚染状況でどう判断するのか）
> ❹上着の着用（気温でどう判断するのか）
> ❺熱中症の予防（水分をどの程度とらせるのか）

　それぞれルールを決めておき，それを周知することが大切になります。❶や❷は，教師だけでなく，子どもにも周知した方がよいでしょう。
　ポイントは，「申し合わせ事項」のような**ルールを明文化した文書をつくり，周知する**ことです。ルールが明確になっているからこそ，各担任は困ることがなくなります。ルールが明文化されていないと，事あるごとに「今日はグラウンドを使っても大丈夫ですか？」などと質問されることになります。
　グラウンドについては，雨の日の休み時間の過ごし方まで含めてルールを決めておくとよいでしょう。
　また，**新しいルールが必要になったらその都度追加していく**ようにします。例えば，サッカーのスパイクを履いてくる子が増えてきたら，それに関するルールを決めて追加します。「スパイクで遊んでいると足が痛くなるので，できるだけ底のやわらかい靴，トレーニングシューズのようなものを推奨する」といった具合です。そして，ルールを改訂したら，全教職員に配付します。

心得 30　ルールがあいまいなものがあれば，その都度職員会議で協議し，ルールを明文化していけばよい。ただ，あくまで原則としてのルールであり，各担任の判断に委ねる幅ももたせておきたい。

第4章
体育主任の実務を
スマートに行う
日常編

31 望ましい生活習慣を身につけさせる

CHECK 毎年，何らかの重点目標を決めて，新しい取り組みを体育部で行う。「全校の子どもに望ましい生活習慣を身につけさせる」ための取り組みもその1つ。

☑ どのように取り組みを進めるか

　その年の特別なプロジェクトとして，「全校の子どもに望ましい生活習慣を身につけさせる」ための取り組みを行ったことがあります。
　一年目の最初には，「生活習慣の調査」から始めました。
　というのも，保健主事が行っている「生活調べ」で，子どもたちの生活習慣が乱れている現状があったのです。そこで，その実態をより深く調査することから始めたというわけです。
　この調査は，保健主事や養護教諭と連携して行いました。また校務分掌で学力部になっている教員も参加しました。生活習慣と学力は密接につながっているとの考えからです。
　調査のために，まずは調査項目を決める必要があります。つまり，「望ましい生活習慣とはどのようなものか」を，各種資料を集めて調べなくてはなりません。全国学力テストの質問用紙や，各自治体が行っている生活アンケートの結果，研究者の論文などを集めました。
　情報収集の結果，特に重要な生活習慣として，**「テレビ・ゲーム・インターネットの時間を制限する」「睡眠時間を確保するために，早く寝る」「朝ご飯をしっかり食べる」「適度な運動を行う習慣をつける」**の4つが選ばれま

した。
　そして，「テレビの視聴時間」「ゲームの時間」「インターネットの時間」「毎日の運動時間」「睡眠時間」「朝食」などを調べることにしたのです。実際の調査では，やはり４つの生活習慣が身についていない子が多いことが改めて見えてきました。

✓ 目標と実態が見えたら次に何をするか

　目標（重要な生活習慣）と実態が見えてきたら，次に方策を考えます。
　体育部会では，「保護者向けの呼びかけポスター配付」「子ども向けの呼びかけポスター配付」「定期的に生活習慣チェックを子どもにさせて，自己評価と反省をしてもらう」という案が出ました。
　そこで，メンバーで手分けして，この３つの仕事を行いました。ポイントは，部会のメンバーで手分けして実行したことです。こうすると，小回りがききやすい一方，同時並行で実行することができました。さらに，途中で**「学級懇談において，保護者に望ましい生活習慣の呼びかけを行う」**という案が出され，実行に移されました。
　こうして，様々な手だてを講じた後で，最終的にどの程度生活習慣が改善されたのかを調査しました。
　一年だけの取り組みではなかなか望ましい生活習慣は浸透せず，二年，三年と時間を要しました。数年続けていると，保護者もしっかりと協力してくれ，生活習慣の改善が見られるようになってきました。

何らかの取り組みを行っても，望ましい生活習慣が一年で浸透しない場合もある。手だてを変えたり，目標を吟味したりしながら，二年，三年と続けていくことが必要になる。特に保護者の協力は外せない。

第4章
体育主任の実務を
スマートに行う
日常編

32 子どもの体力や健康に関する情報提供を行う

子どもの実態に問題がある場合は，その問題を保護者や地域と共有しておくと協力が得やすくなる。また，担任の指導に役立ててもらうためにも情報提供は重要。

☑ 調査と情報の管理・提供

　保護者向けに，自校の子どもの体力や健康に関する実態を知らせる機会があると思います。私の学校では，「学校保健委員会」という会を毎年開き，保護者に広く情報公開を図っていました。

　そこでは，体育主任が運動面の実態調査結果を取りまとめ，報告書をつくり，報告を行っていました。また，保健主事と養護教諭は健康面に関する実態を取りまとめ，情報提供を行うようにしていました。

　提供していた情報は，運動面では**「体力テストの結果」「運動の習慣がある子の割合」**などです。健康面では**「基本的生活習慣の実態」「学校でのけがの数」「健康に関する実態」**などでした。

☑ 情報提供の仕方

　保護者だけでなく，教職員にも子どもたちの実態を周知する必要があります。教職員向けには，細かな調査結果も報告するようにしていました。

　例えば，**「各学年の泳力」「二重跳びの習得率」**など，運動の技能が具体的にどの程度身についているのかを報告します。また，**「休み時間に運動する習慣をもつ子の割合」「運動が好きな子どもの割合」**などを報告することも

ありました。
　担任の指導のために有益と思える情報や，今年の重点目標に関する実態調査結果を各担任に知らせるようにしていたということです。

☑ 特に報告したいこと

　自校の子どもたちの実態がわかったら，できれば，**全国平均などのデータと比べ，よい点と悪い点を探す**こともしておきたいものです。というのも，具体的な手だてを考えていくときには，「強みを生かすにはどうするか」「弱みを解消するにはどうするか」という２つの方向性があるからです。まずは実態をきちんと分析しておかなければならないということです。
　もう１つ大切なのは，**運動が苦手な子の割合を把握して伝える**ことです。特に，体力テストで判定がＤやＥの子がどれぐらいいるのかを調べます。注意を払いたいのは，運動の二極化です。運動をしない子はどんどんしない方向にいくので，それをなるべく早い段階で食い止める策を考える必要があるのです。

☑ 手だてを考える

　実態を踏まえて手だても考えていきます。
　「運動の得意な子に，どのような運動の機会を与えるのか」，そして「運動の苦手な子に，どのような運動の機会を与えるのか」の２点を考えます。熱心な体育主任ほど，大会など対外的な仕事にかかわることが多く，**自校の運動の苦手な子の底上げを忘れやすいので注意が必要**です。

> 体育主任と保健主事，養護教諭で連携して情報公開を図りたい。
> ４月の実態調査結果よりも３月の実態調査結果の方がよくなるよう，手だてを講じ，３月に説明できるようにしたい。

話を聴くのも体育主任の仕事

　体育主任は，新しい提案をしたり，昨年度からの改革を提案したりすることがよくあります。

　仕事を少しでも去年より前進させようとすれば，どうしても，昨年度までの取り組みから反省点を出して，問題提起をしなくてはならないからです。

　ここで気をつけたいことがあります。

　それは，新しい何かを提案したときには，必ず様々な人の意見を聴くことを大切にしなければならないということです。

　意見の対立はよく起きますし，反対意見も出ることでしょう。

　何より，昨年度までの取り組みに参加した教員は，まだ学校に残っているのです。昨年度までの批判をするだけでは，新しい提案も前進しません。

　運動会の全体練習時間を減らすこと1つにしても，反対意見は出ます。人それぞれに思いや願いをもっていて，それは違っていて当然なので，運動会の全体練習時間が長い方がよいと考える人もいるわけです。

　しっかりと反対意見にも耳を傾け，そのうえで新しい提案を「共にしていく」というスタンスをもちたいものです。体育主任が1人で突っ走ってもうまくいかないことが多々あるので，注意が必要です。

第5章
体育主任の実務をスマートに行う 行事編

　体育行事の運営は，体育主任が主体となって行われます。
　行事が成功するかどうかは，体育主任の動きにかかっていると言っても過言ではありません。
　行事の運営には，多くの教員の手助けも必要です。
　どの教員も気持ちよく仕事ができるようにしなければなりません。
　この章では，行事を成功させるための様々な手だてや配慮を紹介していきます。

Chapter 5

第5章
体育主任の実務を
スマートに行う
行事編

33 運動会の全体計画を起案する

 運動会の起案は早ければ早いほどよい。全体計画が決まっているからこそ、各担任も早めに動くことができる。
起案の際は細かなところまで配慮しよう。

☑ 全体方針を定める

　起案で最も大切なのは、今年の「全体方針」の設定です。
　というのも、**全体方針次第で、運動会は様変わりする**からです。
　例えば、「全力を出し切ることのよさを味わわせる」ことが方針の場合と、「運動に親しませ、力を合わせることの気持ちよさを味わわせる」ことが方針の場合では、運動会のイメージが異なってきます。
　前者なら、競争を前面に出すことになるかもしれません。
　しかし後者なら、学年の種目を運動能力が結果に反映されにくい種目にすることが考えられます。みんなで楽しく運動できるような種目にして、競争の要素は小さくするわけです。
　このように、全体方針によって運動会は大きく変わります。
　全体方針を考える際には、前年度の反省点も調べつつ、管理職の意見も集めておくとよいでしょう。特に、校長は何らかの思いや願いをもっているはずなので、意向を確認しておくとよいでしょう。
　さらに、体育部内でも意見交換をしておきます。
　注意すべきは「勝手に全体方針を決められた」と思われてしまうことです。そうならないよう、職員会議でも運動会の全体方針を説明し、全体の場で吟

味してもらうようにします。

　方針が共有できていると，運動会に向けての指導がしやすくなります。

　例えば，「ふれ合い」をキーワードに全体方針を決めた年がありましたが，保護者と子どもが一緒に行う競技は得点種目から外し，のんびりとゲームを楽しんでもらえるものにしました。これは，保護者から大好評でした。

☑ 体育主任は余裕をもって動く

　全体方針が決まったら，具体的な計画も早めに起案します。

３か月前に提案できれば余裕が出ます。特に次の２点は早めに起案します。

> ❶各仕事の担当者
> ❷各学年の種目数と時間配分

　この２点が決まれば，準備のために各担当者が動くことができます。

担当者は名前入りで提案します。職員会議で修正意見が出れば，分担の変更をしていきますが，３か月も後のことを分担するので，仕事を引き受けてくれやすくなります。これを残り１か月などで頼むといい顔はされません。結局，体育主任がほとんどの仕事にかかわって全部やってしまった，ということになりかねません。

大変なのは，春に運動会がある学校です。３か月前の起案は無理なので，４月のできるだけ早い時期に起案できるようにしなくてはいけません。夏期休業を挟む学校は，休業中に仕事を進められるため余裕ができます。

様々な人から意見を集め，今年度の運動会の全体方針を考えておく。
その方針を教職員間でしっかり共有することが大切になる。
そして，各担任が３か月前から動けるよう全体計画を起案しよう。

第5章
体育主任の実務を
スマートに行う
行事編

34 運動会準備のための仕込み

運動会直前は多忙になるので，運動会の準備をスムーズに行うために，仕込みを少しずつ進めておきたい。
仕込みがうまくいけば，運動会が近づいても焦ることはない。

☑ 年度はじめにしておくとよい「仕込み」

まずは，去年の反省文書に目を通します。

そして，今年の運動会で改善すべき点を考えます。

例えば，「ビデオ席が狭い」「砂埃がひどかった」「地域の種目に時間がかかり過ぎた」「親子種目は得点種目から外した方が落ち着いてふれ合いができる」など，様々な反省点が見つかるはずです。早めに改善を提案しないと間に合わないものもあるので，先を見て関係者と協議を始めなくてはいけません。

また，反省文書には，足りないもの，傷んでいるもの，購入してほしいものなども書いてあるはずです。運動会で使用する用具は多岐にわたります。なるべく早いうちに，用具がきちんとそろっているかを確認します。修理や補充が必要であれば，すぐに行います。**バトンやコーンなど，たくさんの数が必要になるものは特に注意が必要**です。**盲点になりやすいのが，万国旗や看板**です。傷んでいたら必ず修理しておきましょう。

☑ 用具・器具の管理場所を決めておく

運動会シーズンは，用具・器具の置き場に困ることがあります。

使用する用具・器具が多いため、体育倉庫だけだといっぱいになるからです。それにいちいち体育倉庫にバトンやライン引きをとりに行くのも面倒です。そこで**運動場近くの靴箱周辺など、用具・器具を特別に置ける場所を確保する**とよいでしょう。

私の場合、右の表のような準備物一覧表をつくり、毎年運動会が近づくと準備物を靴箱周辺に置くようにしてきました。場所の確保や用具・器具の運搬は体育部で行っていました。

> 平成○年度運動会準備物一覧
> ❶玉入れのかご
> ❷バトン
> ❸綱引きの綱
> ❹大玉
> ❺ねこぐるま
> ❻三角コーン(小)20個
> ❼三角コーン(大)10個
> ❽ポートボール台
> ❾フラフープ10個

☑ 子どもへの指導を早めにできるように

高学年の子どもは、運動会で様々な役割を担ってくれます。そのため、高学年の担任は、早いうちから子どもに役割分担し、練習させたいと思っています。

そこで、**「どんな役割が何名必要なのか」を明らかにしたリストを早めに渡しておく**ようにします。「役割」とは、例えば「種目に関する役割(代表リレー、地区別代表種目など)」「運営に関する役割(演技係や準備係など)」といったことです。

早めに渡しておけば、あとは各担任が動きたい時期に動けます。

運動会ならではのルールも早めに確認しておきます。入退場の仕方や、応援の仕方、行進からの止まり方、「休め」の仕方などです。

心得 34

> 大事なのは、各担任が動きやすい環境づくりをすること。
> 用具・器具をそろえ、練習しやすいように設置する。
> 運動会の特別な役割やルールも早めに決めておきたい。

> 第5章
> 体育主任の実務を
> スマートに行う
> 行事編

35 運動会の全体練習をスリム化する

運動会前には,全校児童が集まって行う「全体練習」がある。ここで,開会式や応援合戦の練習を行わなくてはならない。どうすれば効率よく全体練習が行えるのだろうか。

☑ 運動会の全体練習は何時間必要か

ある学校における全体練習の時間数です。
- A小学校…15時間
- B小学校…8時間
- C小学校…3時間

なぜ,こんなにも練習時間に差があるのでしょうか。

開会式,応援合戦,ラジオ体操,閉会式,全校リレーなど,指導している内容自体はそう変わりません。つまり,**練習時間が長い学校ほど,繰り返し練習を行い,丁寧に指導している**のです。

しかし私は,**全体練習は短ければ短いほどよい**と考えています。

☑ 内容を絞る

ある学校で全体練習を3時間に限定しました。ダラダラ練習するのではなく,必要最小限の内容を,必要最小限の時間で練習することにしたのです。

例えば,ラジオ体操の練習時間を20分とっていたのを,7分に圧縮することにしました。全校を集め,長く指導時間をとっても,あまり子どもには伝わらないものです。それよりも,**朝の会などでラジオ体操のポイントを各担**

任から伝えた方が効果的です。**体育主任はラジオ体操のやり方を各担任に紹介し，ビデオを貸し出せるようにしておく**のです。

　毎年時間がかかっていた応援練習は，**上級生を休み時間に集め，しっかりと鍛えておいてから，全体で一度集まる**という形に変えました。上級生がダラダラしている状態で全体を集めても，時間がかかるだけで進歩が見られなかったからです。応援の振りつけは，給食や朝学習の時間に，高学年の子どもが低学年の学級に訪問し，教える形にしました。

☑ 時間を絞る

　必要最小限の内容に絞ったら，指導時間も最小限に絞ります。

　「規律と心構え…○○先生５分」「ラジオ体操練習…○○先生７分」「開会式の注意点…○○先生７分」「応援合戦への移動…○○先生７分」といった具合に，**１時間の全体練習の中で指導の責任者と大まかな配分時間を決めた**のです。時間が決まれば，長々と説明するのではなく，指導を工夫することが求められます。しかも，その指導記録をできるだけ残すようにしました。各先生が**指導したことを文書として残すと，それがそのまま指導マニュアルになる**ので，次の年の担当も助かっていました。

　結局のところ，特別な練習が必要なのは，高学年で特別な役割がある子どもぐらいなのです。そうであれば，わざわざ全校で集まらなくても，役割がある子だけを集め，前日準備の時間にでも練習をしておけば済みます。

　もし色別対抗リレーなど，代表者だけの入退場の練習が必要なら，代表の子どもたちだけを集め，休み時間などに練習すればよいでしょう。

心得 35　全体練習の時間が短くても，工夫次第で不足なく指導できる。ただし，全体練習や予行演習で反省点を出してもらい，運動会前までに修正することを忘れないようにしたい。

第5章
体育主任の実務を
スマートに行う
行事編

36 運動会当日の全仕事を把握しておく

 体育主任は，運動会の全仕事をあらかじめ把握しておく必要がある。全仕事をできるだけ詳細に把握しつつ，体育主任としてこれだけは力を入れたいという仕事に焦点化して取り組みたい。

☑ まずは知ること

運動会に関する仕事は多岐にわたります。

体育主任は，運動会当日の全仕事の内容を知っておかないと，いざ運動会が始まったときに困ってしまうことになりかねません。

まずは，前回の全体計画でだれがどんな仕事をしていたのかを把握するようにします。

もしそのときの体育主任が学校に残っているのなら，実際に体育主任としてどんな仕事をしたのかを尋ねるとよいでしょう。文書には載っていないような細かな仕事も教えてくれるはずです。

とはいえ，主任一年目で運動会の全仕事を完全に把握するのは難しいかもしれません。それほどに多くの仕事が運動会では行われているからです。

そこで，せめて**「運営」に関する仕事は最低でも把握しておく**ように努めましょう。

☑ 運営の仕事に求められること

運営に求められるのは，演技が滞りなく進むことです。

つまり，**演技と演技の間がスムーズに進行し，子どもも教師も困らないよ**

うにすることが大切なのです。

「前の種目が終わったら，すぐに用具を片づける」「次の種目が始まる前に，用具を準備する」「ピストルを担当する教職員が，すぐに雷管をとれるようにしておく」といったことが求められます。

中でも特に重要なのが，**演技図を把握しておく**ことです。

すべての学年に，演技図を出してもらいます。

演技図には，「種目名」「種別」「場づくり」「使用する用具」「補助が何人必要か」「演技時間」などを書いてもらいます。

さらに，早めに運動会の演技図を各学年に配ります。提出日は余裕をもって設定しておきます。

リレーなど**毎年行っている種目は，去年のものをコピーして添付する**とよいでしょう。準備物や演技図を書く手間を省くのです。

全学年の演技図をしっかりと把握し，準備と片づけのプランを考えることで，うまく演技間の滞りをなくすことができるはずです。

☑ 運動会ならではの配慮をおろそかにしない

運動会では，演技以外の進行でも，様々な配慮事項があります。

例えば，**発達障がいの子どもへの配慮**です。「どうしても参加できない場合は無理強いしない」といったことを，全教職員間で共通理解しておく必要があります。

また，**昼休みにお弁当を1人で食べる子をどうするのか**なども考えておかなければなりません。

主任一年目で運動会の全仕事を完全に把握するのは難しい。
しかし，当日の運営にかかわる仕事だけは必ず把握しておき，滞りなく進行できるようにしよう。

第5章 体育主任の実務をスマートに行う 行事編

第5章
体育主任の実務を
スマートに行う
行事編

37 運動会前日・当日朝の準備の進め方

> 運動会前日と当日の準備には、かなりの時間がかかる。準備を滞りなく終わらせるには、そのための戦略が必要になってくる。

☑ 前日準備の進め方

準備の前に、「だれが、何をするのか」を示した右のような**役割分担表を配っておきます。**

そして、同時進行で準備にとりかかってもらうようにします。

「同時進行」こそが、最も早く準備を終わらせる方法です。

体育主任は、フリーの状態で全体の

・トラック整備（○先生）
・ライン引き（○先生）
・係リハーサル（○先生）
・入退場門（○先生）
・看板設置（○先生）
・放送器具（○先生）
・くい打ち，ロープ（○先生）

動きを見渡す役にまわります。そして、困っているところに臨機応変に入るようにするのです。

一番まずいのは、体育主任しか仕事を理解していなくて、体育主任がいないと仕事が始まらない状態です。これは非常に時間がかかります。

そこで、**前日までに準備内容を直接説明し、お願いしてまわる**ようにしましょう。直接お願いされると意気に感じてもらえますし、仕事の内容をあらかじめ説明しておけば、当日になって質問されずに済みます。当日頻繁に質問が出るのは混乱のもとです。

このように，体育主任がいちいち指示を出さなくても，各担当が自分で動けるシステムをつくっておくのです。役割分担表のほかにも，**会場設計図を用意し全員に配付しておく**ことも大変有効です。詳しい会場設計図があれば，あとは各担当が考えて動くことができます。

　前日準備では，最後の仕事が終わるまで全員に残ってもらうことはしません。準備開始から１時間ほど経ったら集まってもらい，進行状況を確認します。ここで８割方終わっていたらほとんどの人は仕事がない状態なので，いったん終了を宣言します。あとは必要に応じて残ってやってもらいます。体育主任は最後の仕事が終わったら必ずすべてチェックをしましょう。

☑ 当日の準備の進め方

　当日朝の準備も，右のように役割分担さえしっかりしておけば，同時進行で仕事は進んでいきます。これも，**前の日に仕事の説明を体育主任がしておく**ようにしましょう。

・万国旗（○先生）
・机とイス（○先生）
・垂れ幕（○先生）
・放送器具（○先生）
・トラック整備（○先生）
・国旗，校旗（○先生）

　当日の朝，担任は非常に忙しいものです。そこで，仕事が８割方終わったところを見計らって，「ご担当の仕事が終わり次第，教室に戻ってください。ご準備ありがとうございました」とアナウンスします。

　ここでも，体育主任は全体の仕事をチェックし，終わったかどうかを確認します。

前日・当日の準備は，同時進行で一斉に動いてもらおう。
準備のために必要以上の時間を拘束しないよう配慮が必要。
どの教職員も運動会の前日，当日は忙しい。

第5章
体育主任の実務を
スマートに行う
行事編

38 運動会当日の体育主任の動き

 予行演習がうまくいっていれば，運動会当日の進行もうまくいくはず。ただ，イレギュラーなことが起こるときもある。そのようなとき，体育主任はどうすればよいのだろうか。

☑ 当日の仕事の進め方

運動会当日の仕事も，右のように役割分担をして，各教職員に進行してもらいます。

体育主任は，全体の仕事が滞りなく進行しているか，全体を見渡す役割を担います。そのため，体育主任はフリーで動けるようにしておき，必要に応じて臨機応変に仕事の手伝いに入ります。

・進行（○先生）
・演技・準備係（○先生）
・放送機器（○先生）
・救護（○先生）
・応援団（○先生）
・記録（○先生）
・会場整備（○先生）

当日の役割分担がうまくいっていれば，体育主任が忙しく動き回る必要はありません。もし体育主任の**仕事が特になければ，一番大変な演技・準備係の仕事を手伝う**とよいでしょう。**演技間のライン引きも体育主任が積極的に行うべき仕事**です。

また，種目によっては体育主任の協力が必要になってくるものもあります。例えば，PTA種目におけるサポートです。保護者と子どものふれあい種目で，保護者が来ていない子のペアに入ったり，保護者からの問い合わせに対応したりします。こういった仕事は体育主任が臨機応変に対応していきましょう。

☑ 片づけが意外と大切

　片づけは，地域の人が手伝ってくださることで早く終わる場合も多くあります。

　しかし，「何を，どこに片づければよいのか」を体育主任しか知らない状態だと，指示が行き渡らず，人数が多いばかりでかえって混乱しかねません。

　そこで，その場で指示をするのではな

> ・応援グッズ…○○教室へ
> ・ベンチ………プール下へ
> ・玉入れと綱…特別倉庫へ
> ・看板…………放送室へ
> ・万国旗………児童会室へ
> ・イスと机……体育館へ
> ・テント………テント倉庫へ

く，右のような情報を全教職員間であらかじめ共有しておくことが大切です。

　片づけのポイントは，**来年度の仕事が楽になるようにすること**です。

　運動会は一年に1度しかありません。したがって，運動会でしか使わない得点板，順位の旗，綱引きの大綱，大玉などは体育倉庫に置かず，別の倉庫にしまっておいた方がよいでしょう。できれば，運動会用の用具だけ，別の倉庫の一画にかためて置きます。

　ピストルやくい，ロープなど危ないものは，必ず子どもの手に触れない場所に収納します。

　倉庫にしまった用具・器具は，運動会でどう使ったのかを書いておくとよいでしょう。例えばテントなら「南側のテント」，くいなら「北側のくい」といった具合です。来年度が楽になるような配慮までして，はじめて片づけが完了したと言えます。

体育主任はフリーの状態を基本として，臨機応変にサポートに入ることで，運動会当日の進行がスムーズになる。片づけは混乱が生じやすいので，事前に片づけ先の情報を共有しておこう。

第5章　体育主任の実務をスマートに行う 行事編

第5章
体育主任の実務を
スマートに行う
行事編

39 体育主任一年目の運動会で気をつけること

 体育主任一年目の運動会は，把握しきれていない仕事が多く出てくるはず。そんな体育主任一年目の運動会では，以下のようなことを意識しておこう。

☑ 知る努力と文書への記録

　体育主任は，運動会で行われるすべての仕事を把握しておくことが基本です。

　しかしながら，体育主任になりたての一年目には，把握しようにも，どうやって把握すればよいのかがわからないことが少なくありません。

　そうすると，**役割分担をお願いしたものの，実はその仕事の内容の細かな点まではよくわかっていない**ということになりかねません。例えば，くい打ちをお願いしたとして，「くいは何メートル間隔で打てばよいのですか？」と尋ねられて即答できるでしょうか。また，入場門を設置する係をお願いするとき，入場門を設置する正確な位置まで把握できているでしょうか。

　こういったことを踏まえて，仕事をお願いしに行く前に，**「その仕事を自分ができるレベル」まで，情報を収集しておくべき**です。自分がその仕事をやるつもりで，仕事の内容を調べるのです。一番まずいのは，仕事の内容をわかっていないのにお願いだけすることです。

　また，準備のときはできるだけいろいろな仕事にかかわることをおすすめします。そして，**準備の様子を写真に撮り，文書として残しておくようにし**ます。

当日も，体育主任一年目は全体の進行で手一杯になり，小さな仕事まで気がまわらないことはあり得ます。それでも，来年度以降の仕事に漏れが出ないように，**気づいたことがあればリストアップ**しておきましょう。

☑ 2種類の危機管理

危機管理には，大きく分けて次の2種類があります。

> ❶危機を未然に防ぐ
> ❷危機に対応する

　❶についていうと，運動会で一番気をつけておきたいのが**子どもの体調管理**です。暑い時期に開催する場合，太陽の日差しが直接当たらないよう，子どもの応援席にテントを設置するなどの対応は必須です。また，水分補給のための水筒を応援席の近くに置くなどの配慮も必要になってきます。
　また，遊具を使用禁止にしたり，車での進入不可区域の看板を設置したりするなど，**安全面の管理**も重要です。
　このように，危機を未然に防ぐために，細部にまで気を配りたいものです。
　❷については，**対応を文書化しておく**ことが大切です。
　例えば，当日天候が急変した場合の対応です。雨や雷で運動会を続けるかどうかの判断を迫られることは珍しくありません。こういった場合も，中止の判断をだれがどの時点でするのか，延期の場合どのように対応するのか，といったことまで文書化しておけば，落ち着いて対応することができます。

体育主任一年目は失敗が多くあるはず。できるだけ失敗をしないようにする努力はもちろん大切だが，反省点やわからなかった点などをしっかりと記録に残すことも重要。

第5章　体育主任の実務をスマートに行う 行事編

第5章
体育主任の実務を
スマートに行う
行事編

40 各種記録会の代表責任者になったら

 学校の垣根を越えて地区レベルで集まり，水泳や陸上の記録会を行うことがある。その記録会の運営を任されたとき，どんなことに気をつける必要があるのだろうか。

☑ 運営責任者に求められること

まず運営責任者に求められるのが，**記録会の準備から終了までの見通しをもつこと**です。見通しをもって先手を打てば，効率的な仕事ができます。

見通しをもつには，やるべきすべての仕事を洗い出す必要があります。

引き継ぎ文書を読むと，だいたいの仕事の中身は把握できるはずです。わからない場合は，前担当者に尋ねるとよいでしょう。

すべての仕事をリストアップしたら，次にスケジュールを設定します。「要項は，9月15日までに作成する」「要項の発送は，9月20日までに完了する」といった具合です。前年のスケジュールがわかるようなら，それより少し早めに設定しておくと先手を打って動くことができます。

また，前年度の反省文書も必ず読んでおくようにします。前年と同じミスや運営上の滞りをなくすためです。

☑ 明確な段取りの設定

すべての仕事をリストアップしていくと，膨大な量の仕事があることがわかります。多くの場合，1人ですべての仕事をこなすのはかなり困難です。**周囲の協力を仰ぎながら，無理や無駄のない効率的な運営を目指すのがよい**

でしょう。

　周囲の協力を仰ぐとなると，依頼された側が仕事をしやすいように段取りをしなければなりません。

　参加者名簿の作成について考えてみます。それぞれの種目ごとに，ベスト記録が同等の子を一緒の組になるようにしていくはずです。だとすれば，種目・ベストタイムが記入できる申込表を作成しておき，各学校の体育主任に名簿のデータ化をお願いするのも1つの段取りです。

　また，記録会当日の用具・器具の準備も段取りが必要です。次のように，だれ（どのチーム）にどの順番で準備してもらいたいのかを紙に明記し，各校の体育主任に配付してお願いします。

> Aチーム：○先生，□先生，△先生
> ❶ボール避けの柵の設置
> ❷ハードルの設置
> ❸高跳び用のマットの運搬
> …

　準備に参加する側からすると，自分がすべき仕事の内容と順番が書かれているので混乱しません。

　また記録会当日は，**記録を即その場でパソコンで入力していき，プリントアウトして帰り際に渡します**。すぐに記録がわかるので喜ばれますし，わざわざ各学校に郵送する手間も省けるため，まさに一石二鳥です。

> 記録会運営の仕事量は膨大なので，周囲に協力を仰ぐ必要がある。そのため，依頼された側が仕事をしやすいように段取りを整えることが運営責任者としての重要な仕事の1つになる。

第5章
体育主任の実務を
スマートに行う
行事編

41 各種記録会の練習を マネジメントする(1)

各種記録会の練習は体育主任が運営していく必要がある。参加した子どもの力や態度を伸ばせるかどうかは，運営の仕方にかかってくる。どんなことに気を付けたらよいのだろうか。

☑ 目標の共有から始める

　学校ぐるみで参加する各種記録会は，全教職員の協力のもと，練習や大会への引率などが行われます。

　一方，個人資格で参加する各種大会では，体育主任を中心として，体育部に所属する教師で指導を行うことが多くあります。学校によっては，個人資格の大会には教師がほとんどかかわらないところもあります。

　そして，その会の性質によって目標も違います。

　「運動の苦手な子どもの底上げを図る」のか，それとも「運動の得意な子どもにさらなる活躍の場を用意する」のかでは，指導の仕方が違ってきます。

　どういう目標で指導するのか，それを明確にしておき，共有しておくと指導にぶれが生じません。

☑ スケジュールと指導体制

　次に，練習のスケジュールを立てます。特に，担任の力を借りる場合には早めに起案する必要があります。

　個人で参加する大会の場合は，練習のスケジュールを教務主任・管理職と相談します。会議などがない日に，練習日を入れてもらう形になるでしょう。

そして，**指導体制は教職員の名前入りで提案します。**
　私の場合は，小さな大会なら体育主任の自分1人で指導を行うこともよくありました。体育部の3人ぐらいで指導したこともあります。
　ただ，学校ぐるみで参加する大会では，その学年の教職員と体育部あわせて10人程度の指導体制を組んでいました。
　それぞれ得意分野と不得意分野があるので，必ず**前もってどの種目の指導に入りたいのか希望を尋ねておく**ようにします。例えば陸上競技ならば，ハードル走の指導がよいのか，高跳びの指導がよいのかなどを考慮し，教員の得意分野の指導に入ってもらうようにするのです。

☑ 場づくり

　記録会や大会に向けた練習で大変なのは，練習の前に毎回「場づくり」をしなければならないことです。
　体育主任にとって重要な仕事は，**場づくりがしやすいように環境を整える**ことです。
　例えば，ハードル走や50m走のポイント打ちを，練習の時期が近づいたら空き時間にやっておきます。ハードルのポイントがあるだけで，毎回メジャーで測る手間が省けます。
　また，走り幅跳びの練習をするなら，砂場を柔らかく耕しておくことが絶対に必要です。耕うん機などを使い，練習までに体育主任が耕しておきます。用具・器具も，記録会が近づいてきたら出しやすい場所に置くようにします。
　このようにして，環境を整えていくのです。

まずは，指導の目標を明確にし，共有することが重要になる。指導を始める前に，「どんな目標をもって記録会に参加するのか」を議論しておくとよい。目標が決まれば，手だては自然と浮かんでくる。

第5章
体育主任の実務を
スマートに行う
行事編

42 各種記録会の練習を マネジメントする(2)

参加者が多い場合，記録会に向けた練習時の指導を教職員にお願いしなければならないことも多々ある。しかし，指導できる教職員が少ない場合はどうしたらよいのだろうか。

☑ 練習メニューの準備

　教職員の中には，体育の指導が苦手な人もいます。そこで，大まかでもよいので**練習のメニューを配る**と喜ばれます。
　「記録会の1週間前ぐらいには，こんなメニューで練習を進めてください」と，練習プログラムを各担当に配付します。
　もちろん，そのメニューを必ず行ってもらうということではありません。あくまで参考の1つとして配付します。
　練習メニューには，**「練習の大まかな進め方」**と**「運動技能のポイント」**の2点を記載するとよいでしょう。
　可能ならば，**「場づくりの図や写真（運動している様子も含む）」**も添付するとよいでしょう。指導経験の少ない教職員からは大変重宝されます。
　一番よいのは，昨年度の練習風景を写真に残しておき，場づくりの様子をイメージできる資料をつくっておくことです。

☑ 人手不足にも対応できるメニューを

　次ページは，ハードル走の練習メニューの例です。練習の大まかな進め方と運動技能のポイントがわかるだけでも，担当の教職員は重宝します。

●練習の大まかな進め方
　❶準備体操とアップ
　❷ストレッチ（ハードルを跳ぶ姿勢でのストレッチを含む）
　❸ストレッチの姿勢で，腕を振る練習
　❹リズムよく跳ぶ練習（低いハードルやゴムひものついたコーン，重ねたソフト体操棒などを使用）
　❺リズムよく跳ぶ練習（正式の高さのハードル３つを使用）
　❻振り上げ足を伸ばす練習（歩いて）
　❼振り上げ足を伸ばす練習（走って）
　❽抜き足を地面と平行にする練習（歩いて）
　❾抜き足を地面と平行にする練習（走って）
　❿遠くから跳ぶ練習（低いハードル３つを使用）
　⓫遠くから跳ぶ練習（正式の高さのハードル３つを使用）
　⓬６つのハードルで走りきる練習

●運動技能のポイント
　「リズム」「振り上げ足」「抜き足」「遠くから跳ぶ」の４つが全部できたときに，最高記録が出る。

　１人で50人ぐらいの子どもを指導するほど人手不足なら，練習メニューを子どもに与え，その通りに練習させます。教師は安全管理を厳重にします。夏休みの水泳特別練習でも，子ども向けの練習メニューをつくっておくと，子どもが自分で練習することができます。

心得42 毎回の練習メニューがおおよそ決まっていれば，やがて子どもだけでも練習を進めることができるようになる。一番よいのは，子どもが読んで理解できるメニューにすること。

第5章
体育主任の実務を
スマートに行う
行事編

43 各種記録会への参加で配慮するべきこと

 せっかく参加した記録会や大会。子どもたちが「参加してよかった」と思えるよう，万全の準備をしておきたい。
個人参加の陸上大会を例にあげ，配慮事項を述べる。

☑ 大会に申し込むうえでの留意点

大会が近づくと，練習以外にも仕事が発生します。例えば，**大会の運営補助，当日の児童管理，応援席の確保**などです。体育部員を中心に，仕事の分担を行うようにします。ただし，個人参加の大会は休日に行われることが多いため，無理は言えません。

また，管理職に話を通しておくと応援に駆けつけてくれるかもしれません。

☑ 当日までの準備

大会まで残り1週間となったときに，参加する子どもを集め，説明会をします。説明会では，**大会要項，プログラム，駐車券**など，参加に必要なものを配付します。

大会要項には右の内容を掲載すると，子どもも保護者も助かります。

個人参加の大会の場合，基本的には保護者が引率する形になります。そのため，体育主任が突然その日に行けなくなったとしても，**子どもと保護者だけで参加できる状**

❶集合時間と場所
❷どんな服装で来るか
❸持ち物
❹突然の不参加への連絡先
❺大会終了の予定時間
❻開催地までの交通機関

態にしておくことが大切です。

　当日は，子どもを励ますグッズをもって行くとよいでしょう。**消化のよいバナナ，スポーツドリンク**などが喜ばれます。

☑ 当日忘れやすいもの

　当日忘れがちなのが，**子どものベスト記録を持って行くこと**です。種目が終わったら，必ず記録を確認して，その子の自己ベストと比べます。ベストを更新していたら，しっかりとほめるためです。

　当日は，たとえベスト記録が出なくても，「ベストに近いタイムだったよ。自分の力を出し切れたね」とほめるようにしましょう。

　失敗した子にも，「努力は力になります。失敗しても伸びた力はなくならないよ。よくがんばったね！」と力強くほめます。自主的に大会に参加する姿勢だけでも，十分称賛に値します。ほめて自信をつけてやりましょう。

☑ 「出てよかった」という気持ちにさせる

　大会に出場した選手は，全校に紹介します。全校の前でがんばりを讃えることで，「出てよかったな」という気持ちにさせます。学級通信でも写真入りで紹介します。さらに上の大会に行く選手がいたら，色紙にメッセージを書いて応援します。過去には，応援旗をつくったこともあります。

　私の場合，**大会には運動が苦手だと思い込んでいる子も誘う**ようにしていました。標準記録のない大会では，それが可能です。そういう子ほど，驚くほどタイムを伸ばすことが多く，本人の自信につながるのです。

43　保護者も準備や応援がしやすいように配慮しよう。
子どもたちが「この記録会に参加してよかった」「大会に出てよかった」と思えるような手だてを考えたい。

第5章
体育主任の実務を
スマートに行う
行事編

44 新体力テストをマネジメントする

> 新体力テストは，学校行事など特別活動として扱われることが多い。時間があまりとれないので効率よく実施する必要があるが，子どもに無理が生じないように注意したい。

☑ 子どもの安全と参加のしやすさを考える

　短時間で新体力テストを実施するには，いくつかのポイントがありますが，**一番大切なのは，子どもに無理が生じないよう配慮すること**です。

　低学年など，新体力テストに慣れていない場合は，その種目につながる運動を前もって体験させておく必要があります。

　「体つくり運動」などに関連させることができる場合は，普段の体育授業の中で体験させてもよいでしょう。例えば，「上体起こし」につながるような運動を取り入れ，慣れさせておきます。

　当日は，準備運動をしてからテストに取り組ませます。特に，ソフトボール投げの測定前には，準備運動として，投げる運動を取り入れたいところです。ソフトボールに触れたことがほとんどない子にいきなり投げさせても，うまく投げることはできないからです。準備運動をさせながら，ルールも確認しておきます。半径1mの円からはみださないように投げることや，前から出ず後ろから出ることなどを教えておきます。

　また，シャトルランは体力を使うので，シャトルランだけ別の日に設定するか，複数の種目を同じ日に実施するなら最後に行うのが原則です。

　当日に体調不良の子がいる場合は，参加させないようにします。

☑ 場づくりは体育部で行う

体力テストの日が近づいてきたら，体育部で場づくりをしておきます。

時間がかかるのは，運動場のライン引きです。

雨が降ってもいいように，50m走のラインなどは，ラインテープを運動場に打ちつけておくとよいでしょう。

ソフトボール投げのラインも，引くのに時間がかかりますし，人手も必要です。ポイントを打っておき，雨が降っても体育部ですぐに白線を引いて直せるようにしておくとよいでしょう。

砂場は耕うん機で耕し，平らにしておきます。

体育館でシャトルランをする場合は，ラインテープを貼っておきます。体育館の壁からできるだけ離してテープを貼りましょう。**壁が近すぎると，力のセーブがうまくできない低学年の子どもなどが，壁に激突してしまう**からです。

測定器具も，各担任が準備しやすい場所に置いておきます。

☑ 効率よく実施できるシステムを考える

短時間で効率よく実施するために，例えば，**1年生と6年生が合同でやる**などの工夫をします。上級生が下級生の世話をしながらテストを行うと，スムーズに進行できます。

また教職員には，準備運動を軽くしてから測定することや，測定の正しいやり方を伝えておきます。

心得 44　どこでどうやって測定すればよいのかを共通理解するため，起案書には，「測定の仕方」と「測定場所・道具の位置」を明記しておきたい。また，安全管理の方法も共通理解しておこう。

アドバイスに耳を傾けよう

　体育主任の仕事は多岐にわたります。
　漏れがないよう，本書に書かれている内容ができているかどうかチェックしてみるとよいでしょう。
　反省点を他の教職員から聞くことも大切です。
　行事が終わった後や，新しい取り組みが終わった後など，管理職をはじめ，いろいろな人に話を聴きに行きましょう。
　反省文書に書いてくれないような細かな点や仕事における作法などを教えてくれる場合も少なくありません。
　また日常的に，「こんなところが足りないよ」とアドバイスしに来てくれる人がいるような主任になれればベストです。
　様々な人がアドバイスしてくれるようになれば，体育主任の仕事はさらに充実していくはずです。
　自身へのアドバイスに耳を傾ける器量がなければ，なかなか「こんなところが足りないよ」とは言ってくれないものです。アドバイスを記録に残し，来年の仕事に生かしていきましょう。

Column

第6章
信頼を集める体育主任になるために

　教職員から信頼を集める体育主任と，そうでない体育主任がいます。

　信頼を集めることができれば仕事はスムーズに進みますが，信頼を集めることができなければ仕事はなかなかうまくいきません。

　結果として，一年間の仕事の質や量に雲泥の差が出ます。

　仕事を依頼する際の作法や，ちょっとした工夫ができるかどうかで明暗が分かれます。

第6章
信頼を集める体育主任に
なるために

45 仕事の意味や背景を知る

CHECK 仕事の意味や背景を知ることで，仕事が進めやすくなる。特に，学習指導要領やそれに関連する審議会答申，解説などをしっかり押さえておくと，仕事に自信をもつことができる。

☑ 体育科の指導方針と目的

小学校学習指導要領「総則」の第三に，以下の方針が示されています。

> 学校における体育・健康に関する指導は，児童の発達の段階を考慮して，学校の教育活動全体を通じて適切に行うものとする。

そして，「体力の向上に関する指導」や「心身の健康の保持増進に関する指導」を通して，「日常生活において適切な体育・健康に関する活動の実践を促し，生涯を通じて健康・安全で活力ある生活を送るための基礎が培われるよう配慮しなければならない」としています。

☑ 体育科の課題

中央教育審議会答申（平成20年1月）では，体育・保健体育について主に以下のような課題があげられています。

〈体育分野〉
❶運動する子どもとそうでない子どもの二極化

❷子どもの体力の低下傾向
❸運動への関心や自ら運動する意欲，各種の運動の楽しさや喜び，その基盤となる運動の技能や知識など，生涯にわたって運動に親しむ資質や能力の育成が十分に図られていないこと

〈保健分野〉
❶生涯にわたって自らの健康を適切に管理し改善していく資質や能力の育成
❷小学校低学年にも見られる生活習慣の乱れ

☑ 小学校体育科の目標

このような課題を踏まえ，小学校学習指導要領「体育」では，次の目標が示されています。

> 心と体を一体としてとらえ，適切な運動の経験と健康・安全についての理解を通して，生涯にわたって運動に親しむ資質や能力の基礎を育てるとともに健康の保持増進と体力の向上を図り，楽しく明るい生活を営む態度を育てる。

つまり，「適切な運動を経験させること」「健康・安全について理解させること」「健康の保持増進と体力の向上を図ること」の3つを大切にしなければなりません。

心得 45

体育主任は多くの仕事をこなしていく必要があるが，その仕事にどんな意味や背景があるのかを調べる時間をときどき取ろう。中教審答申や学習指導要領の解説を読み，人に説明できるようにしておきたい。

第6章
信頼を集める体育主任に
なるために

46 優れた指導法を紹介し，共有する

自校の子どもの運動技能を確実に向上させるには，優れた指導法の共有が必須。体育授業に苦手意識をもっている教職員も，指導法さえわかれば子どもを伸ばすことができる。

☑ 体育授業に苦手意識がある教職員のために

「体育授業の苦手な教師が，ますます運動嫌いを生み出している」
現場では，こんなことが言われるときがあります。

運動の苦手な子どもに基礎基本となる知識や技能を確実に習得させるには，手厚く指導することが欠かせません。しかし，**運動の苦手な子どもへの指導は，体育授業に自信がないとなかなか難しい**ものです。

そこで体育主任の出番です。優れた指導法を積極的に紹介し，校内で共有するのです。

例えば，水泳の授業で右のようなアップや練習のメニューを配付したり，プールに掲示したりします。あくまで参考の1つとしてもらえばよいのです。

水慣れメニュー
❶水中歩行
❷水にもぐる練習
❸ボビング
❹伏し浮き
❺ダルマ浮き
❻けのび

☑ ちょっとした工夫を紹介する

紹介する指導法は，「簡単だからやってみたいな」と思えるような，**平易かつ効果の高いものを選ぶ**と喜ばれます。

例えば，3年生のポートボールで，次のような指導例を紹介します。

【ポートボールのちょっとした工夫】
❶台座を使わない。ゴール役の人は立ったまま動いてはいけない。
　ボールがノーバウンドで，ゴール役の人に渡ったら１点（手渡しでもよい）。

❷ドリブル中の相手のボールをとることはできない。
　ただし，体にボールが当たって，こぼれたボールをうばうのはかまわない
　（これで自然とディフェンスがタイトになる。しかも，安全にできるので，
　ドリブルも上達する）。

❸１人が続けて何回でもドリブルしてよい。

❹ゴールを決めた人は，ゴール役の人と役割を交代する。

❺１試合５分，１チーム３人（慣れてきたら４人にする）。

❻４コートで，８チームが試合。勝ったら１つ上のコートに上がる。

　特に重要なのが❷で，ドリブル中の相手のボールをとってはいけないこと
にします。これだけで，運動の苦手な子がドリブルしやすくなります。止め
ようと思ったら，ドリブルしている子の進行方向に自分が入るなどすればよ
いのです。身体の接触はファールになるので，危険ではありません。
　体育授業は**ちょっとした工夫を取り入れるだけで，子どもの運動量が格段
に増えます。**運動量が増えれば，運動技能の向上も見えてきます。
　このようなちょっとした工夫を紹介していけばよいのです。

心得46

体育授業はちょっとした工夫で，子どもの運動量が格段に増え，運動技能の向上につながる。そのちょっとした工夫を自分だけの財産にせずに，広く教職員に紹介し，共有しよう。

第6章
信頼を集める体育主任に
なるために

47 休み時間に行う運動イベントをマネジメントする(1)

子どもの体力の向上を図るために有効なのが，休み時間を使っての運動イベント。休み時間に行う運動イベントをどう企画し，運営していけばよいのかを見ていこう。

☑ 目的をはっきりさせる

休み時間に行う運動イベントといえば，ドッジボール大会，大縄大会，業間マラソンなどがあります。

子どもにとって貴重な休み時間を使ってのイベントです。イベントを行う目的をはっきりさせ，教職員だけでなく，子どもたちにも伝えておきたいものです。

目的は大きく2つ，**「体力を向上させること」**と**「運動に親しませること」**です。

私の勤務校では，異学年で班を構成する「縦割り班」で運動を行うようにしていました。その場合，**異学年との交流も目的の1つ**となります。

高学年の子どもが低学年の子どもに運動のやり方を教えるという構図が生まれます。上級生のお手本を下級生が真似する学習方法が使えるのです。高学年の子どもにとっては，人に教えたり，リーダーシップを発揮したりと，様々な経験を積むことができます。

☑ イベントの行い方

休み時間に行う運動イベントの行い方は，大まかに分けて次のような方法

が考えられます。

> ❶各学級単位で参加する
> ❷縦割り班で参加する
> ❸希望者だけが参加する
> ❹全員で一斉に参加する

　ドッジボール大会など学級単位で参加するイベントは，大会の２週間前から練習を呼びかけ，**練習の仕方は各学級に一任**します。

　縦割り班で行うなら，１年生から６年生までが集まって，まず班をつくります。**１学年２，３人，１班15人程度が動きやすい数なので，その数に合ったイベントを行う**のがよいでしょう。安全管理のため，１つの班に必ず教師が１人はつくようにします。

　希望者だけを募って行う場合もあります。例えば，**ある運動が苦手な子だけ集まってもらって行う練習**です。私の場合，陸上競技の種目で行うことがよくありました。また，鉄棒運動などの器械運動などでも効果的です。

　全員で一斉に行う形は，業間マラソンなどに適しています。音楽をかけて，休み時間に全校一斉にマラソンを行います。低学年は３分間走，中学年は５分間走，高学年は７分間走といった具合に，**学年によって走る時間を変える**のがポイントです。時間を決めてその時間だけ走り続けるというのは案外難しいもので，自分の体力に合ったスピードの調節の仕方を学ばせることができます。

体育主任の得意分野を生かして，休み時間に運動教室を開くのもおすすめ。サッカー教室，ボール投げ教室，走りを速くする教室，マット運動教室など，自分の能力や経験を最大限に生かそう。

第6章
信頼を集める体育主任に
なるために

48 休み時間に行う運動イベントを マネジメントする(2)

 イベントは,体育主任が行う場合と,体育委員会が主催する場合がある。体育委員会で主催する場合の運営の仕方と,新しい運動イベントを企画する際の注意点を紹介する。

☑ 体育委員会主催のイベント

体育委員会主催で大縄大会を行うとします。

「大会案内の作成・配布」「宣伝のための校内放送」「審判・時計」「ライン引き」…など,まず**委員会の時間に仕事をすべてリストアップします**。

体育委員会の子どもが低学年の学級の指導に入るシステムも取り入れるとよいでしょう。どういうタイミングで跳んだらよいのか,八の字をどうやって描けばよいのか,といったことを助言するために,休み時間に体育委員会の子どもが教えに行くのです。さらに,体育委員会の子どもには,次のような低学年用の指導(練習)メニューも持たせます。

❶縄を地面に静止した状態で跳ばせる
❷縄を左右に蛇のように動かした状態で跳ばせる
❸縄を上下に蛇のように動かした状態で跳ばせる
❹ゆっくり回して跳ばせる
❺縄を少し速く回して跳ばせる
❻連続跳びに挑戦させる

☑ 新しい運動イベントを企画する場合の注意点

体育主任として新しいイベントを企画する場合もあります。

例えば，前年度にはしていなかった縄跳び大会を提案するとします。

基本的に**新しい企画の提案では，体育主任がほとんどの仕事をするぐらいの気構えでいた方がよい**でしょう。新しいイベントの立ち上げには労力も時間もかかるので，他の教職員の負担になるようでは長続きしません。

そして，新しい企画の意義は何か，どういう形でやるのかなどを文書として提出します。文書の形で出されるからこそ，検討が可能になります。

まずは「なぜそのイベントを休み時間に行うのですか？」と問われて，理由をしっかり説明できなければいけません。「前年の体力テストの結果から，子どもたちに○○の力をつけたいと考えたからです」といった具合です。

運動技能の向上だけでなく，ふれ合いや異学年交流を目的として，縦割り班で運動に取り組むことを提案するのもよいでしょう。この場合，発達差に配慮して種目を選択します。例えば，ドッジビー（ソフトフリスビーによるドッジボール）や昔遊びなどです。ソフトフリスビーは当たっても痛くないので，低学年の子どもでも安全です。昔遊びはルールが簡単である一方，運動量は結構あります。しかも，どの学年でも楽しむことができます。

休み時間の運動だけで目に見えて体力を向上させることはなかなかできません。しかし，普段運動をまったくしない子どもに，少しでも投げたり，跳んだりする機会を提供することができますし，異学年交流の機会にもなります。**イベントを充実させることで，運動好きは増えていく**はずです。

4月に起案する一年間の運動・保健に関する全体指導計画において，「休み時間に行う運動イベント」を体力向上のための手だての1つとして位置づけ，全教職員の共通認識にしておきたい。

第6章
信頼を集める体育主任になるために

49 安全確保の方法を周知する

 安全確保のために大切なことは2つある。1つは，事故防止のための安全な環境をつくること。もう1つは，教師が安全管理の方法を知っておくことである。

☑ 事故防止のための環境づくり

　運動場や体育館はけがが発生しやすい場所です。まずは，**運動場・体育館の使い方のルール**を決め，全校児童，全教職員の共通認識としましょう。

　また，ときどき**アンケートをとる**こともおすすめです。「運動場を使用していて危ないことはなかったか」「休み時間の運動で何か危険なことはなかったか」といったことを尋ねるのです。それに対して，例えば「ドッジボールを2つのボールですると危ない」「運動場以外の場所で遊んでいる子がいる」といった意見が寄せられます。

　さらに，遊具や用具・器具の安全点検を定期的に行うようシステムを組むことも大切です。特に注意したいのが，**サッカーゴールやバスケットゴールが倒れないように杭やチェーンで固定すること**です。子どもが揺らすせいでゆるんでいることがよくあるので，厳重にチェックするべき箇所です。

　いずれにしても，用具・器具は傷んでくると危険なので，定期的なチェックは欠かせません。高跳びのバーは曲がっていないか，マットは破れていないか，といったことです。

　けがの多い種目では，**用具・器具にけがを未然に防ぐためのケア**をします。例えば，ハードルに柔らかいマットを被せます。また，サッカーゴールの柱

にマットを取りつけます。鉄棒につけるカバーもあります。スポンジ製のカバーをつけるだけで，けがのリスクは大幅に減ります。

☑ 指導中の安全管理の方法を周知する

体育主任は，授業中の安全管理の方法を周知しなければなりません。「この運動のときは，この点が危ない」ということを伝えておくのです。

例えば，水泳指導で危険を周知することを考えます。

まずは，**飛び込みをさせない**ことです。記録会の練習で飛び込みを教える場合は，手の先を下にして飛び込ませると，深くもぐり過ぎて危険であることを周知します。

また，水泳で怖いのが雷です。**雷注意報が出たら即刻中止**します。練習を始めてしまうと水の音にかき消され，雷の音が聞こえにくいことがあるので，雨雲が来たら注意するよう呼びかけます。

プールの排水は子どもが使用中には絶対にしないということも基本です。

記録会に参加する場合は，**体罰につながるような勝利至上主義に走らない**ように呼びかけます。

持久走も，厳重な安全管理が必要な運動の１つです。体調が悪くなったら歩かせ，回復したら再び走ってもよいことにします。走り終えたら，歩いてゆっくり呼吸を整え，身体を冷やさないようにさせます。AEDの場所も周知しておく必要があるでしょう。

運動にかかわらず，暑い時期は日陰での給水タイムを設けましょう。

このように，安全管理の徹底によって，事故を未然に防ぐことができます。

心得
49

「鉄棒運動では，鉄棒を身長に合わせて選ばせる」など，普段の体育授業で気をつけるべきことは，体育主任としてしっかりと発信していきたい。特に経験の少ない若手教師への周知は重要。

第6章
信頼を集める体育主任になるために

50 公開授業・研究授業に積極的に取り組む

学校の雰囲気によっては，体育の公開授業や研究授業は大変だから立候補をする人がいない，ということがある。そんなとき，体育主任が進んで立候補するようにしたい。

☑ 授業を公開する

体育主任になったら，体育の公開授業を依頼されるかもしれません。

また，校内研究で体育の授業を見せてほしいとお願いされることもあるでしょう。

私の場合，教育委員会からの依頼や文部科学省からの依頼，そして校内の依頼と，とにかく体育関係の公開授業の依頼があったらできるだけ引き受けるようにしてきました。

例えば，文部科学省の「体力アッププロジェクト」の依頼では，公開授業をしたうえで，体力アップメニューをつくり，市内の全小学校へ配布したこともあります。

また，若手教師に突然「体育授業を見せてください」と言われたときも，できるだけ引き受けるようにしていました。

若手が参観する授業でも，簡単な指導案やテクニカルポイント，場づくりの図を用意し，配付しました。このように，体育主任が積極的に授業を公開することで，校内研究が進みます。また，**日ごろから授業を見せて他の教職員と交流することで，指導法の共有や改善にもつながるのです。**

自分の体育授業をビデオに撮り，例えば「バスケットボールはこんな指導

をすると盛り上がりますよ」と紹介するのもよいでしょう。

　特にサッカーは，運動技能の差が激しいので，指導法に悩んでいる担任が多くいるはずです。「こんなよい指導法がありますよ」と紹介すると，大変喜ばれることでしょう。

　見学にしても映像にしても，**実際の授業を見ることで具体的なイメージができ，「じゃあ自分の授業でも挑戦してみよう」という気持ちが高まる**ものです。

☑ 保健の研究授業を行う

　私は，保健の公開授業もよく行ってきました。

　養護教諭と連携しつつ教材をつくり，授業を公開するのです。

　薬物の害や，飲酒の害，生活習慣の改善など，様々な授業を公開しました。

　私がパソコンでコンテンツをつくり，それを使って授業をすることもありました。**自作した教材やコンテンツは，その学校の大切な授業資料になる**のです。

　そういった教材やコンテンツがあることを担任に周知することも大切な役割です。教材やコンテンツを用意すると，子どもたちにとってかなりインパクトのある授業にすることができます。

　教材やコンテンツだけでなく，指導案や動画なども授業参観の際などに利用することができます。

　体育主任を任されたならば，ぜひ一度は保健の公開授業にも挑戦してみましょう。

心得
50

体育主任が先頭に立って授業を公開することで，校内研究に勢いがつく。やがて普段の授業も交流しようという雰囲気が出てきたら，学校全体で体育授業が充実していくはずだ。

第6章
信頼を集める体育主任に
なるために

51 移行期に年間指導計画を見直す

 学習指導要領が新しく変わる時期には、体育科の年間指導計画の見直しが必要になる。指導計画の見直しのための実際の動きを見ていこう。

☑ 方針の理解から始める

移行期に年間指導計画を見直すには、まず原典を調べる必要があります。

原典とは学習指導要領や中教審答申などです。

これらの資料を集め、片っ端から読んでいきます。

つまり、様々な情報を収集することで、どのような方針で学習指導要領が改訂されたのかをつかむわけです。

学習指導要領と中教審答申をあわせて読めば、これからの体育科教育の大きな方針が見えてくるはずです。

その方針を理解することで、具体的に指導計画のどこを見直せばよいのかが見えてくるはずです。

☑ 年間指導計画の情報収集

見直しのための方針がおおよそ見えてきたら、次は実際に指導計画を修正する段階に移ります。

このとき、体育主任1人だけで指導計画を修正するとうまくいかないことが多々あります。

そこで、今度は、指導計画に関する情報を集めるようにします。

体育主任者会や研修での資料はもちろん，体育科副読本などの指導計画も参考にします。

他校や研究推進校の指導計画も確認するとなおよいでしょう。

☑ 各学年に新しい指導計画案を考えてもらう

体育主任が情報をまず集め，校内で一番詳しい状態になってから，今度は各学年に協力を仰ぎます。

指導計画を見直すための方針を説明し，各学年に新しい指導計画案を考えてもらうのです。

移行期に指導計画を検討する際は，単元のねらいや評価規準も見直す必要があり，やることがたくさんあります。ねらいや評価規準が新しい学習指導要領の趣旨に合っているかどうかを確認し，修正するべきところや追加するべきところを考えなくてはなりません。このとき，**参考資料として先進校の指導計画を添付する**と重宝されます。私はおおよそ次のようなスケジュールを組んできました。

> 1月中…各学年の指導計画の見直し
> 2月中…各学年の新しい指導計画案の作成
> 3月　…体育部で全校の新しい指導計画案の作成

つまり，今年度の反省と今後の方針を踏まえてつくり直した新しい年間指導計画案が，来年度に申し送りされることになるのです。

移行期の年間指導計画の見直しは，各学年の協力を得ながら，計画的に進めよう。来年度の担任に変更点を理解してもらえるよう，体育主任はどこをどう修正したのかを説明できなくてはならない。

第6章
信頼を集める体育主任に
なるために

52 引き継ぎを見越して改善案を含めた記録を残す

体育主任は数年続いて担当することが多いが，担当が変わる場合や，体育部の顔ぶれが変わる場合もある。来年度に仕事を引き継ぐうえで，今年中にやっておくべきことを考えよう。

☑ 来年度のための評価

　何らかの行事や取り組みが終わるたびにアンケートをとり，反省点を書いてもらっているはずです。

　体育主任はそのアンケートをまとめ，教職員に配付しなければなりません。このとき，**改善案まで出しておくと，来年度の仕事がかなり楽になる**のです。

　つまり悪かった点だけを記録に残すのではなく，来年度はどのように改善したらよいのかという方策も考えて，記録に残しておくのです。

　改善案は，体育部で考えてもよいですし，職員会議で意見を出してもらってもよいでしょう。

　改善案は，あくまで「案」です。その案を採用するかどうかは，来年度の教員で決めればよいことです。ただ，一応の方針として，改善案を出しておくようにするのです。

　というのも，どう改善したらよいのかが一番わかっているのは，その年，その行事や取り組みをした教職員だからです。来年度，異動してきたばかりの人が「やったことがないのに改善を迫られる」といった事態は避けなければなりません。

☑ 年度末にやるべきこと

　一年が終わるころになったら，今年の体育部の取り組みを，各担任に評価してもらいます。
　例えば，次のような項目でアンケートをとります。

> ❶楽しい体育が授業で行われていますか。
> ❷体育指導で困ったことや不便なことはありましたか。
> ❸年間指導計画は工夫されていましたか。
> ❹指導と評価の一体化は図られていましたか。
> ❺評価の仕方の共通理解ができていましたか。
> ❻今年の体力向上計画と施策はどうでしたか。
> ❼用具・器具で足りないものや別途購入したいものはありましたか。
> ❽来年度新しく取り組みたい体育関係の方策はありますか。

　アンケートには自由記述欄を用意し，改善案があれば出してもらいます。
　ところで，**取り組みを適切に評価するには，指導前後の変化が客観的にわかるデータが必要**になってきます。例えば，水泳指導が始まる前と終わった後に泳力調査を行っておきます。また，4月に「運動が楽しいですか」といったアンケートを子どもに行い，3月にもう一度同じアンケートを行ってみるのもよいでしょう。

体育授業の現場にいる担任に体育部の取り組みを評価してもらおう。評価が低かった項目は，具体的な改善案が必要になる。体育主任として様々な意見に耳を傾けたい。

第6章 信頼を集める体育主任になるために

53 発達障がいをもつ子どもに対応した授業づくりを先導する

 どの学級でも，発達障がいの子どもを担任する可能性がある。そういった子どもに支援を行う際は，運動技術面だけでなく，メンタル面への配慮も重要になる。

☑ 技術，メンタル両面への配慮

発達障がいをもつ子どもが学級に在籍する場合，体育授業においてもその子に合った指導を行う必要があります。つまり，その子の障害の特性に合わせて指導を行うということです。

ここで，「障害の特性に合わせる」とは，次の2つのことを意味しています。

❶運動技術面への配慮をする
❷メンタル面への配慮をする

例えば，発達障がいをもつ子どもの中には，協調運動が苦手な子が少なくありません。協調運動が苦手だと，2つ以上の運動を同時に行うのが困難なことがあります。一例をあげると走り高跳びで，走るのと跳ぶのを両方するのが難しいケースがあります。この場合は，まず走る動作だけを練習させ，その次に跳ぶ動作だけを練習させます。そして，最後に走る・跳ぶの動作を連結させていくのです。

また，リズムよく手足を動かすことが苦手なケースもありますが，こうい

った場合は繰り返し練習させることで少しずつ身につけさせます。

しかし，運動技術に困難を抱えている子どもは，運動自体を避ける傾向にあります。また，「できそうだな」という見通しがもてないと意欲がわいてこない子どももいます。したがって，メンタル面への配慮も非常に重要になってきます。

「失敗しても大丈夫」といった前向きな言葉かけや，**スモールステップで簡単なことから順に指導してつまずきを生じにくくする**などの配慮が求められるのです。

☑ 体育主任がするべきこと

体育主任としては，特に**用具・器具の面での配慮**をする必要があります。小さな跳び箱を購入する，やわらかい素材でできた跳び箱を購入する，といったことです。

また，先に述べた「協調運動が苦手な場合は，運動を分解し，1つずつの要素を練習してから，複数の運動を連結させる」などのような，子どもの特性に応じた指導の方法を紹介することも必要です。

このほかにも，「指示1つに対して1つだけ取り組ませる」「映像を提示しながら運動の説明をする（視覚情報と聴覚情報と両方を与える）」「見通しをもたせてから運動をさせる」「趣意説明をしてから練習をさせる」など，様々な指導法が存在します。

子どもの特性は多様なので，**効果的な指導法をなるべく多く学校全体で共有することが重要**になるのです。

心得 53 特に重要なのは，一貫した指導体制。授業を担当する教師によって指導方針がコロコロ変わるのが一番まずい。指導方針の共通理解は体育主任が中心になって行う必要がある。

第6章
信頼を集める体育主任に
なるために

54　相手意識をもって仕事を進める

体育主任の仕事は，他の教職員に手伝ってもらうことが多い。起案文書は多く，仕事の割り振りや新しい提案もしなければならない。信頼を集めなければ，仕事はうまく進まない。

☑ 体育主任は支えられている

　体育主任は，他の教職員に仕事をお願いする機会がたくさんあります。
　まずは，お世話になった人に必ずお礼を言うようにしましょう。
　若い人ほど感謝の言葉を意識することが大切です。なぜなら，**若い人ほど「自分はよく動いている」と思ってしまいがち**だからです。
　ところが，自分には見えないところで，ベテランが仕事のフォローをしてくれているということは多々あります。
　経験が浅い若手教師ほど，こういった縁の下の力持ち的な「陰のフォロー」は見えません。自分がベテランになり，フォローをする立場になってはじめて見えてくることがたくさんあります。

☑ 相手意識をもつことの大切さ

　特に，何かの仕事の分担を教職員に依頼した際には注意が必要です。
　起案文書には仕事の分担が書いてあります。
　ところが，その仕事の内容をしっかり理解してくれている人は，自分が考えている以上に少ないものです。
　体育主任である自分自身は当然詳しく理解しているので，ここで勘違いを

してしまいます。どの人も，自分と同じレベルで仕事を理解してくれているだろうと。

　実際には，自分が分担する仕事を認識してくれていればまだよい方で，**多くの人が何を分担するのかさえ認識していないということも珍しくはない**のです。

　そこで，文書を配付するだけでなく，直接仕事のお願いをしに行くようにします。そして，「わからないことがあったら何なりとおっしゃってください」と付け加えます。これでやっと仕事の依頼が完了します。

　このように，**体育主任は自分から進んでコミュニケーションをとりに行かなければならない**のです。

　そして，何らかの意見があれば，その話にじっくりと耳を傾けます。

　他の教職員の希望や要望は，しっかりと聴きましょう。意見が対立したときほど，相手の話を聴くことが大切になります。

　特に，新しい提案をしたときなどは，様々な意見を集めなければなりませんし，意見調整をすることも多くあります。

　意見が対立し，相手の意見とは違うことをお願いしなければならないことも多々あるでしょう。そういうときは，1回の説明ではなかなか納得してもらえないこともあります。

　そこで，しばらく間をとって，もう一度お願いしに行きます。**自分が話す量の10倍相手の話に耳を傾けつつ，再びお願いする**のです。ここまですれば，相手が折れてくれたり，自分の主張をわかったりしてくれるものです。

いつも感謝の気持ちを忘れずに。自分の見えないところで「陰のフォロー」をしてもらっていることはよくある。また，仕事を依頼したり提案したりするときは，しっかりと人の意見に耳を傾けよう。

第6章
信頼を集める体育主任に
なるために

55 創造的な仕事に取り組む余裕を生み出す

CHECK 体育主任が夜遅くまで残って仕事をしている状況がよく見られる。体育主任は，計画的に仕事を進め，ある程度の余裕をつくり出さなければ，日々の仕事のみに埋没してしまう。

☑ 何でもするのが体育主任ではない

 だれでも，なりたてのときは張り切って仕事を始めるものです。

 ところが，自分1人で張り切って仕事をしても，できる仕事量には限界があります。もちろん，仕事量が一番多いのは体育主任ですが，何でも自分でやろうとすると，きっと余裕がまったくなくなります。

 ですから，仕事を1人で抱え込んではいけません。特に若くして体育主任を任された人は，**「体育主任＝仕事を何でもする人」ではない**ことを心得ておくとよいでしょう。

 主任になったということは，組織の上に立ったということです。したがってその組織がうまく動くように采配を振るうことが仕事なのです。

 「体育主任＝計画を立て，仕事を割り振り，進行具合をチェックし，お礼を言う人」であると考えればよいでしょう。

 この中で特に時間がかかる仕事は，「計画を立てる」ことに関する仕事です。別の言い方をすれば，頭を使う**創造的な仕事**です。

 時間的な余裕がなければ，この創造的な仕事に力を入れることは難しくなります。

 だからこそ，全仕事のバランスを見ながら，主任としてすべき仕事を明確

にし，振るべき仕事は振るということを意識しましょう。

☑ 体育主任は夜遅くまで残るべき？

「体育主任になると毎晩夜遅くまで残らないといけない」

そんな風習が根づいている学校があります。確かに，体育主任は様々な仕事を同時進行で抱えることがよくあります。

さらに，突然発生する仕事もあります。

例えば，「風が強くなってきたので，プールのテントをたたむ」「運動場のマットが汚れたので洗う」「大雨で土砂が流れたので，運動場を整備する」といったことです。

このように，仕事量は多いのですが，計画的に進めれば１日の仕事量はそこまで多くならないはずです。

粛々と，今日すべきことを今日のうちに行うようにしたいものです。

おすすめしたいのが，**放課後以外の時間の活用**です。

例えば，個人資格の陸上大会の練習なら，放課後にしなくても昼休みに運動場の端で練習すれば済みます。

運動場の土入れも，昼休みから掃除時間にかけての１時間程度で，体育部でやってしまえば済みます。

まずは，「放課後にすべての仕事をもってきてしまい，遅くまで学校に残らざるを得ない」という状態を打破してください。

体育主任は，日々の仕事に忙殺されるより，余裕のある中で創造的な仕事に力を入れるべきです。

日々の仕事を計画的に進め，余裕ができれば，今までの仕事を改革するような新しい提案や，新しい体育授業のアイデアなどの創造的な仕事に時間を注ぐことができる。

【著者紹介】

大前　暁政（おおまえ　あきまさ）

岡山大学大学院教育学研究科修了後，公立小学校教諭を経て，2013年4月京都文教大学准教授に就任。教員養成課程において，教育方法論や理科教育法などの教職科目を担当。「どの子も可能性をもっており，その可能性を引き出し伸ばすことが教師の仕事」ととらえ，現場と連携し新しい教育を生み出す研究を行っている。文部科学省委託体力アッププロジェクト委員，教育委員会要請の理科教育課程編成委員などを歴任。理科授業研究で「ソニー子ども科学教育プログラム」入賞。

〈著書〉

『プロ教師の「折れない心」の秘密』（明治図書）
『スペシャリスト直伝！　理科授業成功の極意』（明治図書）
『プロ教師直伝！　授業成功のゴールデンルール』（明治図書）
『必ず成功する！　学級づくりスタートダッシュ』（学陽書房）
『仕事の成果を何倍にも高める教師のノート術』（黎明書房）
『学級担任が進める通常学級の特別支援教育』（黎明書房）
『忙しい毎日を劇的に変える仕事術』（学事出版）
『たいくつな理科授業から脱出する本』（教育出版）

など多数。

実務が必ずうまくいく
体育主任の仕事術　55の心得

2016年1月初版第1刷刊	©著　者	大　前　暁　政
2021年7月初版第4刷刊	発行者	藤　原　光　政

発行所　明治図書出版株式会社
http://www.meijitosho.co.jp
（企画）矢口郁雄　（校正）大内奈々子
〒114-0023　東京都北区滝野川7-46-1
振替00160-5-151318　電話03(5907)6701
ご注文窓口　電話03(5907)6668

＊検印省略　　　組版所　長野印刷商工株式会社

本書の無断コピーは，著作権・出版権にふれます。ご注意ください。

Printed in Japan　　　ISBN978-4-18-196918-9

もれなくクーポンがもらえる！読者アンケートはこちらから →